Naufragios

Humanidades

Alvar Núñez Cabeza de Vaca

Naufragios

Edición, introducción y notas
de Trinidad Barrera López

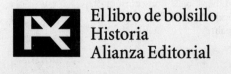

El libro de bolsillo
Historia
Alianza Editorial

Primera edición en «El libro de bolsillo»: 1985
Cuarta reimpresión: 1998
Primera edición actualizada en «Área de conocimiento: Humanidades»: 2001

Diseño de cubierta: Alianza Editorial

© de la edición, introducción y notas: Trinidad Barrera López
© Alianza Editorial, S. A., Madrid, 1985, 1989, 1993, 1996, 1998, 2001
   Calle Juan Ignacio Luca de Tena, 15;
   28027 Madrid; teléfono 91 393 88 88
   ISBN: 84-206-3938-9
   Depósito legal: B.13125-2001
   Impreso en: Liberdúplex. Constitución, 19,
   Bloque 4-Local 1-5.08014 Barcelona
   Printed in Spain

Introducción

El voluminoso *corpus* de la historiografía americana tiene en su haber uno de los textos más interesantes e ingeniosos que se escribieron sobre el descubrimiento, donde se coordinan la información y la ficción, como era habitual en el discurso de la historia del seiscientos, al que se le exigía, a través de la retórica clásica y renacentista, las mismas cualidades que lucía la prosa de ficción. Me refiero a los *Naufragios* (1542) de Alvar Núñez Cabeza de Vaca, autor, relator y protagonista de una, entre otras, de las más infortunadas expediciones a la Florida, cuyas tierras marcaron la desdicha de unos caballeros intrépidos y/o aventureros que las hollaron a lo largo del siglo. Desde que en 1512 don Juan Ponce de León descubrió la *isla* Florida, hasta la expedición de Hernando de Soto[1] que regresaría malparada y estozada a México en 1542, todas estuvieron estigmatizadas por el fracaso.

La epopeya de esa desdichada aventura que, a lo largo de diez años, llevará a Núñez a un desplazamiento hacia occidente –motor del descubrimiento–, de costa a costa de lo que actualmente es el sur de los Estados Unidos, constituye la materia argumental. Pero quizás no sea lo más singular de esta crónica el relato de las desdichas en sí mismo –pues éstas fueron la tónica de otras tantas expediciones–, sino la sabia combinación del valor documental y pragmático con las inserciones creativas. Feliz maridaje de lo informativo y lo literario que caracteriza a buena parte de las crónicas de Indias.

Las expediciones a la Florida

Los comentaristas más significativos de aquella época están de acuerdo en considerar que la expedición dirigida por Pánfilo de Narváez (1527) fue ejemplar en cuanto a insensatez, imprudencia y mala dirección. Así la comenta G. Fernández de Oviedo:

Esto acaesce a los que no bien pensadas e ponderadas primero sus empresas, se pierden con ellas, e lo que es peor, causan que otros muchos acaben mal.

en el cual subcedieron cosas de mucho dolor e tristeza a aún miraglos en esos pocos que escaparon e quedaron con la vida después de haber padescido innumerables naufragios e peligros[2].

Narváez fue hombre, como dice Oviedo, «para ser mandado y no para mandar», y así lo había puesto de relieve en dos ocasiones distintas, en la conquista de Cuba, al mando de Diego Velázquez para quien consigue el cargo de adelantado; y en su posterior y malhadado enfrentamiento con Hernán Cortés (1520), recordado por Oviedo con estas palabras:

Si Pánfilo de Narváez no perdiera la memoria de cómo fue tractado en la Nueva España, e mirara cuán al revés le salieron sus pensamientos, no buscara otros torbellinos e fatigas.

Graciosamente relataría la poca lección que de este episodio extrajo:

se entendían también a los hombres como a los asnos, pues por tales se deben haber los que por muchos azotes no se enmiendan[3].

El 17 de noviembre de 1526 firmó con el emperador una capitulación, gracias a la cual se le concedía facultad para descubrir, conquistar y poblar todo el territorio comprendido desde el Río de las Palmas (hoy Soto de la Marina, en el Estado de Tamaulipas) hasta la Florida[4]. Siete meses después, el 17 de junio de 1527, partiría del puerto de Sanlúcar de Barrameda con cinco navíos mal equipados y unos seiscientos hombres. En dicha expedición iría Alvar Núñez como tesorero y alguacil mayor.

El intento de colonizar la Florida había tenido unos antecedentes tan catastróficos como los de la propia expedición de Narváez. Gracias a su influencia en la Corte, Juan Ponce de León, miembro de una de las ilustres familias españolas[5], acompañante de Colón en su segundo viaje y hombre destacado más tarde en la sofocación de una revuelta en Higüey (Haití) y por su gobernación de Puerto Rico, obtuvo del rey Fernando, en febrero de 1512, el permiso para descubrir y colonizar la isla de Bimini, bajo el cargo de adelantado. En abril del año siguiente llegó a un territorio que llamó Florida, bien por su arribo el día de Pascua Florida, bien por la belleza de su vegetación. Ni oro ni Fuente de la Eterna Juventud fueron halladas por Ponce de León en su recorrido de la costa oriental y parte de la occidental, sólo penalidades. Sin embargo, en su favor se estima el descubrimiento de la *isla* Florida[6], a la que volvió con una nueva expedición en febrero de 1521, donde fue herido de muerte al ser atacado por los feroces semínolas, retirándose a morir en Cuba.

Entre la primera y la segunda expedición de Ponce de León se sucedieron otros intentos. Se inician con el de Diego Miruelo, en 1516, quien a su regreso a Cuba difundió la voz de las riquezas de Florida, pero «sin haber hecho el oficio de buen piloto en demarcar la tierra y tomar la altura»[7]. Francisco Hernández de Córdoba, en 1517, fue enviado por Velázquez desde Cuba a las costas de Yucatán. Su enfrentamiento con los indios, del que salió herido (del mismo modo que Bernal Díaz del Castillo, miembro de la expedición), le ocasionaría la muerte diez días después de su regreso a La Habana. Alonso Álvarez de Pineda, bajo el mandato del gobernador de Jamaica, Francisco de Garay, dirigió una flotilla en busca del paso del Mar del Sur. Al parecer recorrió la costa, desde la Florida a Tampico[8]. La expectativa que creó fue tal que el propio Francisco de Garay consigue del rey la colonización de estos territorios (1521), pero coincidió en el Pánuco con la jurisdicción de Hernán Cortés que capturó uno de los barcos que mandada Diego de Camargo. No tuvo más remedio que desistir (1523) y reembarcar a Jamaica. Caso similar ocurrió con Lucas Vázquez de Ayllón, oidor de la Audiencia de Santo Domingo, quien envió en busca del Estrecho, en 1520, al piloto Francisco Gordillo, cuyo encuentro con Pedro de Quexos no pareció beneficiarle, pues éste le indujo a la captura de nativos y al pillaje más que a explorar la costa. Su acción fue castigada por Ayllón a su regreso a Santo Domingo.

En 1526 vuelve sobre sus pasos el mismo Ayllón en persona, con una expedición que salió del puerto de La Plata (Santo Domingo). A él se debe la fundación de la colonia de San Miguel de Guadalupe (Jamestown), que fracasaría a la muerte del oidor, en octubre de 1526. El resto de la expedición volvió a Santo Domingo con sólo ciento cincuenta de los quinientos expedicionarios. El hambre, el frío y las tempestades habían sido sus aliados.

Con todos estos precedentes aún hubieron, tras la tentativa de Narváez, otros nuevos intentos en la Florida. El más célebre fue el del adelantado Hernando de Soto, en 1538, que desembarcaría en la costa occidental para recorrer todo el sureste del territorio, cruzando el río Mississipi en 1541. Al morir, en 1542, tomaría el mando de la expedición Luis de Moscoso, quien condujo a los supervivientes a México un año después. Así resume el Inca Garcilaso el balance:

Diez años después de Pánfilo de Narváez fue a la Florida el adelantado Hernando de Soto y llevó mil españoles de todas las provincias de

España; fallecieron más de los setecientos de ellos. De manera que pasan de mil y cuatrocientos cristianos los que hasta aquel año han muerto en aquella tierra con sus caudillos[9].

Como se ve, no fue tarea fácil poner definitivamente pie en la Florida, pues para ello fueron necesarias varias tentativas entre 1512 y 1562. Hasta 1702 no tendría lugar el fin de las misiones floridianas[10].

La aventura de vivir

La niebla y los puntos oscuros siguen persistiendo a la hora de rastrear los pasos de este hidalgo español que, emulador de las hazañas de Ulises o Marco Polo, recorrió el territorio norteamericano en una auténtica odisea que quedó plasmada en su relato.

Como Ayllón o Soto, aunque superándolos, si cabe, en heroísmo y espectacularidad en su proeza, cual si intentara imitar al sagaz Hernán Cortés, su gesta fue realmente legendaria, ya que la escasez de recursos y técnica así la avalaba, y sólo se explica dentro de una generación fronteriza entre el Medievo y el Renacimiento, hombres que vivían «en la tensión resultante de sus supersticiones medievales y de su espíritu moderno de curiosidad. Esta amalgama de fuerzas opuestas multiplicó su energía para cumplir la misión histórica de europeizar prácticamente a la humanidad entera»[11].

El maestre Juan de Ocampo lo describió como «animoso, noble, arrogante, los cabellos rubios y los ojos azules y vivos, barba larga y crespa, era Alvar un caballero y un capitán a todo lucir; y las mozas del Duero enamorábanse de él y los hombres temían su acero», aunque no dudamos en admitir buena dosis de hiperbolización en su retrato.

Sevilla y Jerez de la Frontera (y en menor medida un pueblo extremeño) se han disputado su cuna. Al no ser encontra-

da su partida de nacimiento por la falta de registros parro-
quiales en la mayoría de las de Jerez –tarea que realizó con-
cienzudamente Hipólito Sancho de Sopranis, sin éxito–, ha
ocasionado parte de la incertidumbre del que, por todos los
indicios de su tiempo, se sospechaba oriundo del pueblo ga-
ditano. Sus palabras en el capítulo final de los *Naufragios,*
donde enuncia los nombres, filiación y lugar de procedencia
de los supervivientes, resultaron oscuras para la crítica que
atribuyó el nombre de Jerez al lugar de nacimiento de su
madre:

El tercero es Alvar Núñez Cabeça de Vaca, hijo de Francisco de Vera
y nieto de Pedro de Vera el que ganó a Canaria, y su madre se llamava doña Teresa Cabeça de Vaca, natural de Xerez de la Frontera.

Aun aceptando el orden sintáctico frente al lógico, en relación con los anteriores casos citados, cuando menos se enuncia el solar materno (y paterno, como veremos).

Gonzalo Fernández de Oviedo, contemporáneo de Cabeza
de Vaca, al que conoció en Madrid, lo hace natural de Jerez de
la Frontera:

La historia ha contado la disposición en que en aquel tiempo estaba
aquella tierra y gobernación del Río de la Plata a la sazón que llegó el
gobernador Alvar Núñez Cabeza de Vaca, buen caballero y *natural
de Jerez de la Frontera*[12].

Posteriormente, los documentos encontrados por Sancho
de Sopranis confirman, prácticamente, su oriundez jereza-
na[13]. Jerez es, sin duda, el solar de sus mayores: abuelo, padre,
madre, tíos, primos, etc., toda una familia de raigambre jere-
zana.

Sus ancestros fueron famosos en los anales de la historia de
España. Según Bishop, el apellido Cabeza de Vaca fue dado, al
parecer, por el rey Sancho a Martín Alhaja por su actuación
destacada en la batalla de las Navas de Tolosa (1212). Pero

fue, a buen seguro, su abuelo paterno don Pedro de Vera, noble jerezano muerto en su misma ciudad (1500) y destacado en la conquista de las Islas Canarias y de Granada, el que más le influyó. Con orgullo confesaría Núñez sus heroicos parentescos:

bien pensé que mis obras y servicios fueran tan claros y manifiestos como fueron los de mis antepasados *(Prohemio).*

Parece bastante desacertado quererle atribuir soberbia o vanidad a este reconocimiento, cuando más bien se explica por «el sentimiento del pasado y de un pasado que reputaba glorioso, [...] conciencia de las obligaciones que esa herencia moral imponía, conservarla y acrecerla»[14]. De seguro, nuestro autor era un hombre de linaje y buena posición social.

El lugar de su muerte y aún las fechas de su nacimiento y final no han podido ser fijadas definitivamente por los historiadores. Debió nacer alrededor de 1490, entre 1492 y 1495 según Sopranis, aunque otros historiadores defienden la poco probable de 1507 (a pesar de su linaje, la edad de veinte años cuando embarcó en la expedición de Narváez sería muy escasa para tan alto cargo). Hoy día podemos ajustar mejor la fecha de su nacimiento, así como otras fechas gracias a descubrimientos recientes[15] que permiten apuntar que nació antes de 1492, probablemente hacia 1488. Juan Gil apunta también que a la muerte de su padre residió algún tiempo en Sevilla, donde la familia tenía cierta influencia, y que en 1519 figuraba en los documentos como camarero del duque de Medina Sidonia y avecindado en la collación sevillana de San Miguel. Su estado social fue en aumento y hacia 1520 ya se había casado con María de Marmolejo, dama perteneciente a la burguesía sevillana. Estos datos han permitido avanzar en el conocimiento de los primeros años de Cabeza de Vaca después de las investigaciones que realizara Sopranis respecto a la infancia del jerezano. Fue el tercero de seis hermanos que queda-

ron huérfanos de padre y madre a corta edad. Sus progenito-
res debieron fallecer «hacia 1505 o muy a sus aledaños»[16]. En
el año 1512 estaban sujetos a curatela y fue su tía doña Beatriz
de Figueroa, hermana de doña Teresa, la que se hizo cargo de
los huérfanos, hasta su desplazamiento a Sevilla. Por su parte,
Morris Bishop[17] considera que se alistó en la armada que el
rey Fernando envió a Italia, en ayuda del papa Julio II, parti-
cipando en la batalla de Rávena de 1512, y que fue nombrado
alférez en Gaeta, cerca de Nápoles. Poco después lo hace de
vuelta a España y al servicio del duque de Medina Sidonia
como camarero, y aún resalta Bishop su participación en la
revuelta de los comuneros y su defensa de una de las puertas
de la ciudad sevillana, la del Osario, y su posterior servicio
contra los franceses en Navarra[18]. Sí queda constancia de que
su mujer gastó buena parte de su propiedad en su defensa
cuando él volvió del Río de la Plata.

La vida de Alvar Núñez estuvo marcada por dos acontecimientos singulares, la expedición a la Florida (1527-1537) y
su viaje a Asunción como adelantado del Río de la Plata
(1540), al que arribaría en 1542. Ambas misiones le acarrea-
ron amargos sinsabores, mayores en el segundo de los casos,
ya que su conducta y política indigenista no llegó a acompa-
sarse con los intereses más pragmáticos de los colonos y capitanes del Paraguay. Finalmente una sublevación lo tomó
prisionero y lo devuelve a España, donde sufriría juicio y
condena, hasta ser absuelto por Felipe II y rehabilitado de sus
cargos.

Entre 1527 y 1537 tenemos a nuestro héroe en su titánica
aventura por las tierras de la Florida y México: cruzó el territorio de Texas muy cerca del actual Nuevo México –Chihuahua, Sonora, parte de la Sierra Madre, Sinaloa– hasta llegar a
Culiacán el 1 de mayo de 1536. En total, cerca de 18.000 km
recorridos a pie durante un tiempo de ocho años. A su regreso a España, el emperador ya había nombrado un nuevo adelantado para aquellas tierras, Hernando de Soto. Su esfuerzo

relatado en la *Relación* que, según nos dice Oviedo, se envió a la Audiencia de Santo Domingo, no cayó en el vacío, pues el 18 de marzo de 1540[19] firma una capitulación con Carlos V[20] bajo los títulos de gobernador, adelantado y capitán general del Río de la Plata. Llevaba como misión socorrer a los posibles supervivientes de la expedición de Pedro de Mendoza. Su carrera política fue lógica: lugarteniente de un adelantado, primero, y tras su experiencia, la responsabilidad directa de una expedición[21].

Con anterioridad al año 1540, relata Bishop un encuentro de Núñez con Soto, en Sevilla, donde éste le conminó para que se uniera a la expedición. De todos modos, no hay constancia oficial de esta conversación ni de que Núñez proporcionase información del territorio a Soto.

La aventura sudamericana añadió a los padecimientos físicos de antaño amarguras de orden moral. De su estancia y vicisitudes tratan los *Comentarios* (1555), escritos, bajo su encargo, por Pedro Hernández, su secretario. En 1541 llegaría Núñez a la isla de Santa Catalina (Brasil), de allí se dirigió a Asunción. Corría el año de 1542[22]. No vamos a entrar en los confusos entramados de la rebelión que puso fin a su gobierno y sustitución por Domingo de Irala. Si sus medidas allí fueron desacertadas o mal interpretadas es algo difícil de precisar (su obra tuvo y tiene detractores y panegiristas), aunque nos inclinamos más por lo segundo. Núñez estuvo preso casi un año y el 7 de marzo de 1545 lo envían encadenado a España. A finales de agosto del mismo año llegó a Sevilla y en diciembre se abrió el proceso. Se inicia para él un doloroso y duro juicio que duró ocho años. Con 36 cargos en su contra, se le exige el pago de 10.000 ducados al Tesoro Real y se decide su prisión en Madrid. Su defensor, Alonso de San Juan, intentaría conseguir de sus seguidores del Paraguay pruebas a su favor, pero fue en vano, se tuvo que conformar con los testigos que estaban en España. En 1545, Cabeza de Vaca expone una *Relación general de sus hechos, como apología de su conducta y censura de sus enemigos.* Todo fue inútil. Así resume Oviedo su visión del momento, en 1549:

le trujeron preso a la Corte, donde fatigado e pobre sigue su justicia contra sus émulos y es mucha lástima oírle e saber lo que en Indias ha padescido[23].

Los jueces del Consejo de Indias celebran las últimas audiencias en la primavera de 1551 y el veredicto final fue pronunciado el 18 de marzo en Valladolid. Por él es condenado a privación de oficio y destierro a Orán con seis lanzas a su costa. Sin embargo, Pedro Hernández aduce en los *Comentarios*:

Y después de le haber tenido preso y detenido en la Corte ocho años, le dieron por libre y quito; y por algunas causas que le movieron le quitaron la gobernación [...] sin haberle dado recompensa de lo mucho que gastó en el servicio que hizo en la ir a socorrer y descubrir[24].

En 1555 residía en Sevilla, según reza en la licencia de impresión de sus *Naufragios y Comentarios* (1555), «vecino de la ciudad de Sevilla», y allí creyeron algunos que terminó sus días, aunque un contemporáneo, el Inca Garcilaso, nos informa que murió en Valladolid[25]. Para Enrique Pupo-Walker[26], tomando como referencia las palabras de Alonso Gómez de Santaya en su *Verdadera Relación de lo que sucedió al gobernador Jaime Rasquisa,* Valladolid es el sitio más probable de su muerte, que debió ocurrir entre 1556 y 1559 como consecuencia de la enfermedad a la que alude en la cédula del 15 de septiembre de 1556. Las fechas de 1557, 1559 o 1564 son otras de las que se han manejado. El hábito de monje y la presidencia del Consejo de Indias se han barajado como posibles últimas ocupaciones. Ruy Díaz de Guzmán, el primer historiador criollo, afirma que al final de su vida le asignaron 2.000 ducados anuales de sueldo y que murió en Sevilla, como presidente del Consulado; mientras que los anotadores de las *Cartas de Indias* creen que se hizo religioso y falle-

ció de prior en un convento de la ciudad. Lamentablemente
lo más probable es que la abundancia y holgura no figuraran
entre las circunstancias vividas en los últimos años. Sin dudas Núñez es un fracasado y largamente justificaría su fracaso a través de los *Comentarios*. Aunque fuese absuelto de culpa, en política cuenta sobre todo el éxito final, por eso reco-
bra inusitado y profético sentido sus palabras del Prohemio,
ya en 1542:

> que no tuviera yo necessidad de hablar para ser contado entre los que
> con entera fe y gran cuidado administran y tratan los cargos de Vues-
> tra Magestad y les haze merced.

Los *Naufragios* y el tipo discursivo

Hace algunos años[27] nos referíamos a los *Naufragios* como
«crónica», entendiendo el término en su más lato sentido
porque en él tiene cabida un grupo muy heterogéneo de textos. Si atendemos a los criterios tipológicos que subyacen en
dicha clasificación[28], los *Naufragios* pueden ser abordados
desde una doble perspectiva: el «tipo discursivo» al que perte-
nece y su «formación textual», fruto de la combinación de lo
que no es propiamente «historia», ni propiamente «literatura»
y que por esa misma impureza, las contiene a ambas. El texto
de Núñez es «relación, historia y literatura» (ficción). El jerezano no va a la Florida con el objeto de escribir un diario de la
expedición[29], ni aun siquiera era su misión la de informar, ya
que su cargo era el de alguacil mayor y tesorero (intendente y
comisario de policía). Sólo como aspecto derivado y motiva-
do por circunstancias ajenas (el fracaso de la expedición, sobre todo) surge la necesidad de «escrebir» primero (informar
al emperador) y «publicar» después (la *Relación* impresa en
Zamora, 1542). En el *Prohemio* se observan algunas de las razones de su escritura, referidas a su situación personal y a sus
tribulaciones. En primer lugar Núñez dirige al emperador los

elogios de rigor a su poder, guiado por el servicio a su persona, para argüir a continuación cómo ese deseo de servicio puede verse disminuido por causas no imputables al «deseo y voluntad de servir», sino a las mudanzas de la inconstante «fortuna, o, más cierto, sin culpa de nadie, más por sola voluntad y juicio de Dios»[30]. Todo esto no es sino un exordio para disculparse por el resultado de la empresa que, paralela y oblicuamente, servirá para engrandecer su persona a la vista del monarca, pues aquí hay mucho de tópico de la «humildad», así como anteriormente estábamos ante una «fórmula de devoción». Su honor debe quedar en alto: «Bien pensé que mis obras y servicios fueran tan claros y manifiestos como fueron los de mis antepassados», así como su servicio al rey que, por las circunstancias conocidas, imputables sólo a un castigo divino, «por nuestros pecados permitiesse Dios», tuvo que quedar reducido a su «escritura»: «no me quedó lugar para hazer más servicio deste, que es traer a Vuestra Magestad relación...», de la que Núñez forma parte en un doble plano: como autor y como protagonista activo y heroico de la empresa.

A partir de aquí, procurando «tener particular memoria de todo», Cabeza de Vaca resume el contenido de su obra, insistiendo en algo fundamental, el testimonio de lo visto y lo vivido:

de lo que en diez años que por muchas y muy estrañas tierras que anduve perdido y en cueros, pudiesse *saber* y *ver*, ansí en el *sitio* de las tierras y provincias y *distancias* dellas como en los *mantenimientos* y *animales* que en ellas se crían y las diversas *costumbres* de muchas y muy bárbaras *naciones* con quien *conversé y viví*, y todas las otras particularidades que pude alcançar y conoscer, que dello en alguna manera Vuestra Magestad será servido.

Precisamente este último punto, la información puntual de lo visto y lo vivido, nos conecta con el carácter de las relaciones en el siglo XVI, como relato-informe solicitado por la

Corona. En la lectura del texto encontramos numerosas referencias puntuales sobre el terreno, su calidad, las gentes, pueblos o tribus, mantenimientos, lenguas, nombres de provincia o poblaciones, sitios que poseían riquezas, etc. Aunque en aquellos años el pedido de informes no era aún oficial (se oficializan y codifican en las preguntas del cuestionario a partir de 1574, con Ovando y Garay, y posteriormente con Velasco), era usual darlo, bien porque fuese solicitado por la Corona con carácter obligatorio o no. Pero sabemos, por Jiménez de la Espada, que entre 1523 y 1528 fue la regla omitir en los asientos el artículo o artículos referentes a la descripción del país descubierto, conquistado o poblado, y así consta en la de Pánfilo de Narváez para el río de las Palmas (diciembre de 1526). Al no existir dicho pedido, se justificaría la libertad de esta relación y explicaría, incluso, el que fuese acompañada de Prohemio, algo inusual en las *Relaciones de servicio* ordenadas por la Corona, que causó gran sorpresa a Lewis[31].

Indudablemente, los *Naufragios* no es simplemente una relación de servicios de las que se enviaban al rey con la intención exclusiva de obtener un reconocimiento de la labor cumplida, es esto y algo más. Trasciende el mero informe a la Corona precisamente por no responder de manera explícita al pedido oficial. Lo informativo se intercala en la narración de las peripecias del viaje en un contrapunto que contribuye a agilizar la lectura y a romper la monotonía que implicaba la mera descripción o la narración de sucesos fabulosos. De ahí que en esta obra se dé un cierto orgullo de escritor que ofrece su discurso, su escritura, como servicio al emperador, al igual que podía haberle ofrecido riquezas si los acontecimientos se hubiesen desarrollado de distinta forma. El fracaso crematístico de la expedición se intenta compensar con un presente literario-informativo, su relato-testimonio se convierte en «sólo lo que un hombre que salió desnudo pudo sacar consigo».

La primera edición conocida de la obra de Cabeza de Vaca llevaba por título *La Relación que dio Alvar Núñez Cabeça de Vaca de lo acaescido en las Indias en la armada donde iva por governador Pámphilo de Narbáez desde el año de veinta y siete hasta el año de treinta y seis que bolvió a Sevilla con tres de su compagnía*. El vocablo «relación» hay que conectarlo con los cometidos básicos de una relación del XVI: dar testimonio personal de incidentes presenciados por el que redacta y suscribe y organizar coherentemente *(res, latio)* esos incidentes o datos para que cobren sentido. Es decir, significaba, en primer lugar, narración o informe (sus fuentes latinas eran *relatio* y *narratio)* y, en segundo lugar, nos remitía al «romance de sucesos». En el caso de Núñez, «relación» está referida a ambos significados, enfatizando el primero: asume el informe de sucesos, pero insiste en la *narratio* y la *veritas*. La verdad estaba garantizada por el testimonio directo que sirve para relacionar el destinador del discurso con la persona presencial de los hechos. «El vocablo "relación" remite a una "estructura discursiva" (lo que hoy consideraríamos como relato), más que a un tipo discursivo», pero desde el momento que se relaciona con las Indias «es un tipo "discursivo" que no tiene, como en las Cartas relatorias por ejemplo, un contexto discursivo preciso en el cual inscribirse, sino que ese contexto discursivo se va formando en la marcha de la empresa descubridora, conquistadora y colonizadora»[32].

Vida (narración personal autobiográfica) y escritura (relación de servicios, noticias verdaderas) se dan la mano; a través de la segunda se da testimonio de la primera y, a veces, se resiste a tomar distancia para convertirse en episodio de ella:

la esperança que de salir de entre ellos tuve siempre fue muy poca, el cuidado y diligencia siempre fue muy grande de tener particular memoria de todo, para que si en algún tiempo Dios nuestro Señor quisiesse traerme adonde agora estoy, pudiesse dar testigo de mi Voluntad y servir a Vuestra Magestad.

La condición de relación se notará también en el aspecto sintáctico-semántico, pues, por el peso de lo informativo y lo documental se excluyen del texto las citas de autoridades clásicas, tan frecuentes en las historias de la época. Esto mismo redunda en el empleo de los períodos largos y paratácticos.

La historia de un texto y sus confluencias

Cinco años después de haber llegado a México los supervivientes de la malograda expedición de Narváez, uno de los cuatro, Alvar Núñez Cabeza de Vaca, imprime en Zamora la versión de su *Relación,* gracias a «los honrrados varones Augustín del Paz y Juan Picardo», con licencia «en seis días del mes de octubre». Dicha versión contaba con unos antecedentes redactados con un propósito informativo de carácter oficial. Un primer texto surge cuando la expedición invernaba en Cuba (1527-1528) preparándose para el desembarco en la Florida. Así dice Núñez en el capítulo I de sus *Naufragios:* «yo hize una provança dello, cuyo testimonio embié a Vuestra Magestad». Desgraciadamente este documento no ha llegado hasta nosotros. A un segundo texto alude Fernández de Oviedo, «la relación que a esta real Audiencia que reside en esta cibdad de Sancto Domingo, enviaron tres hidalgos, llamados Alvar Núñez Cabeza de Vaca, e Andrés Dorantes e Alonso del Castillo», de la que toma este cronista el grueso mayor para los capítulos correspondientes de su *Historia* (libro XXXV), que completaría con otros datos extraídos de la *Relación* de Núñez de 1542:

Todo esto que es dicho en esta relación, lo había fecho imprimir este caballero e anda de molde, e yo le rogué que me lo mostrase; e después de haberme informado de él, e ser persona que debía dársele crédito, así por su experiencia como porque todo se tiene por cierto, diré lo que en este capítulo hiciere al caso brevemente. Pero en alguna manera yo tengo por buena la relación de los tres, e por más clara que estotra que el uno sólo hace e hizo imprimir[33].

Ambas versiones podemos considerarlas muy parecidas, ya que no hay grandes o importantes divergencias entre ambas, excepto quizás que, en la primera, se dice que la relación fue enviada a Santo Domingo desde La Habana, en el año 1539, mientras que, en la segunda, se dice que desde La Habana marcharon a Lisboa donde llegarían el 9 de agosto de 1537. La segunda es también más prolija en descripciones del territorio, árboles, frutos, animales, etc., y resalta más el protagonismo personal del autor.

Algunos críticos –Pupo-Walker, entre ellos– consideran que esta versión de los tres supervivientes debe ser el texto que recoge sucintamente la expedición de Narváez y los primeros contactos de Núñez con los indios –resumen de los primeros dieciséis capítulos de la *Relación* de Núñez–, es decir la *Relación del viaje de Pánfilo de Narváez,* que vio la luz por primera vez en los *Documentos inéditos del Archivo de Indias,* tomo XIV, Madrid, 1870. Su título: *Relación del viaje de Pánfilo de Narváez al Río de las Palmas hasta la punta de la Florida, hecha por el tesorero Cabeza de Vaca (año 1527)*[34].

El libro es, pues, fruto de una rápida redacción. En 1537 vuelve Núñez a España, en 1542 ya tenemos noticias de su primera impresión, y antes, en 1540, embarcaría rumbo a la Plata.

Pese a la magnitud de la empresa, esta obra no es uno de los grandes documentos de la historiografía indiana, pero sí es uno de los más sugerentes y, sobre todo, es un testimonio de primera mano sobre la tentativa de Narváez en la Florida que, automáticamente, se convirtió en texto manejado y citado por cualquier cronista que pretendiese hacer la historia de la conquista de aquel territorio[35], y uno de los documentos más jugosos de un conquistador sobre el mundo indígena contemporáneo de la conquista, al dar cuenta de una experiencia forzada, pero íntima, de los nativos. Su valor etnológico es tan apreciable que aún hoy algunas de las tribus indias que cita, desaparecidas muy pronto, sólo se conocen por su testimonio. Núñez tiene conciencia de que hace historia, ya que acepta el fin que la caracteriza, la utilidad comunitaria como fin público de la misma:

> Esto he querido contar porque, allende que todos los hombres desean saber las costumbres y exercicios de los otros, los que algunas vezes se vinieren a ver con ellos estén avisados de sus costumbres y ardides, que suelen no poco aprovechar en semejantes casos (cap. XXV).

Se pliega, pues, a la metalengua del discurso histórico del siglo XVI hispanoamericano: decir lo visto y lo oído, decir verdad. Su obra no es ajena a aquellos historiadores que quieran obtener inventarios de ella, ya que las informaciones suministradas destacan por su minuciosidad y precisión, aunque, a veces, Oviedo reclame «esto (o aquello) más claro, e más larga claridad en ello».

En los *Naufragios* se coordinan la pureza descriptiva y la interpretación imaginativa del pasado. Sus inserciones creativas hay que valorarlas sin menoscabo del valor documental y pragmático.

El discurso histórico y el relator

Como en el caso de los *Comentarios Reales* del Inca o *La Araucana* de Ercilla, a lo largo del texto se va diseñando a la «persona» que lo protagoniza, directa o indirectamente, lo que se consigue mediante una semiotización del yo contextual de la enunciación. El libro se abre con un nivel de enunciación: Núñez-Carlos V (destinador-destinatario). Esta correlación inscribe el texto en las formas codificadas de enunciación, tales como la «epístola» o la «autobiografía», pero además tiene unos lazos directos con la enunciación del «discurso histórico» desde el momento que el destinador asume la verdad de lo dicho: «Lo cual yo escrebí con tanta certinidad». Pero las instancias narrativas que aparecen a lo largo del texto son, a veces, complejas. Por un lado tenemos el yo de la enunciación y la persona (Alvar Núñez); por otro, la relación entre el yo, agente del enunciado (tesorero y alguacil mayor) y el náufrago. La información se transmite del agente (el que ve) al destinador (el que sabe), pero el que sabe y el que escribe son partes de un mismo sistema, que tiene información sobre hechos que ni como agente, persona o náufrago pudo ver (v. gr., el final de las naves dispersas). A veces, el propio yo de la enunciación pasa a ser materia del enunciado: «Dexo aquí de contar esto más largo» (cap. VIII). La funcionalidad de esta inserción es la de marcar la «distancia» y la «transparencia» que ordenan los hechos ocurridos.

Es evidente que, bajo la aparente llaneza y el propósito documental, se demuestra una intencionalidad artística. Núñez es un relator que se preocupa por su relato en lo referente a la disposición del material y las motivaciones y dudas que experimenta al redactar su obra. Esta manera de proceder impone al texto un carácter reflexivo y reflector que, en parte, viene dado por su índole autobiográfica y haber sido confiado a la memoria:

Y porque lo que allí suscedió fue cosa muy señalada me paresció que no sería fuera de propósito y fin con que yo quise escrevir este camino, contarla aquí (cap. I).

El «Dexo aquí de contar esto más largo» (cap. VIII), «Cuento esto assí brevemente» (cap. IX), «Esto digo por escusar razones» (cap. XII) o «mas yo he contado las más principales» (cap. XV), son diversos ejemplos sacados al azar.

La organización del relato viene determinada por una cronología lineal de los hechos referidos en torno al que será la figura principal y el relator, Alvar Núñez, donde se mezcla el testimonio personal y la intención política. El relator se empeña en describir y justificar sus hazañas para configurarse a sí mismo e insertarse en la historia a través de la escritura. Se yuxtapone, pues, el tiempo subjetivo del relato y la progresión lineal, ya que al contar sus hazañas describe el Nuevo Mundo, pero también se otorga el renombre y la fama por sus acciones. La estrategia de mostrar las cosas tal y como son, e incluso mostrarse a sí mismo, insistiendo el relator en ello, responde al deseo de revelación total que, al estar configurado por su vida y experiencia, conlleva el reconocimiento:

Esto he querido contar porque, allende que todos los hombres dessean saber las costumbres y exercicios de los otros, lo que algunas vezes se vinieren a ver con ellos, estén avisados de sus costumbres y ardides, que suelen no poco aprovechar en semejantes casos (cap. XXV).

Y aún el relator apela al *sumario* como forma temporal constreñida, cuando nos dice:

Otras estrañas costumbres tienen; mas yo he contado las más principales y más señaladas, por passar adelante y contar lo que más nos sucedió (cap. XV).

Lo que empezó siendo un relato-informe al emperador se desliza paulatinamente hacia estratos imaginativos y hacia la denuncia. Resulta curioso comprobar el juego temporal pasado/presente que se emplea a la hora de proclamar la forma de evangelización (hecha desde el presente, pero tomando como argumento lo que vio y sucedió, en pasado):

Mas, como Dios Nuestro Señor fue servido de traernos hasta ellos, *començáronnos* a temer y acatar como los passados, y aún algo más, de que no *quedamos* poco maravillados, por donde claramente *se vee* que estas gentes todas para ser atraídos a ser cristianos [...] *han de ser llevados* con buen tratamiento, y que éste *es* camino muy cierto, y otro no (cap. XXXII).

El valor documental

La importancia del descubrimiento y su impacto en la mente de los europeos fue de tal magnitud que pudiera decirse, con O'Gorman, que América fue inventada por los europeos del siglo XVI. El texto de Núñez, como otros muchos, debe ser conectado y situado en el contexto de la información y de las ideas del momento, del bagaje que poseían estos europeos de principios de la Edad Moderna.

No en balde se rotuló como «Nuevo» a un mundo tan diferente a lo conocido que, por su misma novedad, desafiaba todo un cúmulo de tradiciones, prejuicios o creencias. No es extraño que Cabeza de Vaca quisiera dejar constancia impresa de las cosas que vio y vivió, «que aunque en ellas se lean algunas cosas muy nuevas y para algunos muy difíciles de creer, pueden sin dubda creerlas», pues la curiosidad e interés alcanzados por las noticias del descubrimiento en la Europa del siglo XVI está demostrada, como señala Elliott, en las frecuentes impresiones de la primera Carta de Colón, en las quince ediciones de la colección de viajes de Francazano Montalboddo, *Paesi Novamente Retrovati* (Venezia, 1507) o la gran compilación de los viajes de Ramusio, *Navigationi et Viaggi* (Venezia, 1556)[36].

Este mundo nuevo, que también puede llamarse así, como dice López de Gómara, «por ser todas sus cosas diferentísimas de las del nuestro», implicaba para nuestro cronista un esfuerzo de aprehensión en dos niveles: observar y describir; sus referentes, la tierra y el hombre, estaban marcados por la distintividad; «naturaleza» e «indígena» constituyen objetos de observación y descripción, con destino a un hipotético lector que desconoce dichos referentes. Muestra temprana de lo que, en el tiempo, se conocerá con el nombre de literatura heterogénea o mestiza.

a) La naturaleza

La naturaleza y el indígena deben verse en una relación dialéctica frente a los atónitos ojos del relator; ambos elementos muestran su benevolencia o malevolencia al viajante, pues si la escasez de recursos naturales de un suelo, a veces, «tan difícil de andar», acarrea el hambre y el peligro de la vida, otro tanto ocurre cuando indios «flecheros» o malos tratos les salen al paso en su deambular. La naturaleza puede ser hostil o pródiga, pero tanto en un caso como en otro no deja de estar presente esa «elemental satisfacción de la primera posesión física, a la que es inherente la conquista española»[37]. El hombre entabla un diálogo con su contorno marcado por lo inédito y «los objetos enumerados empezaban a ordenarse como elementos de una interrelación organizada, que quería ser armoniosa»[38]. Por ello no nos debe extrañar que en todos los cronistas los términos más repetidos para aprehender esos espacios vayan acompañados de la condición de «maravillosos»:

Por tierra muy trabajosa de andar y maravillosa de ver, porque en ella ay muy grandes montes y los árboles a maravilla altos, y son tantos los que están caídos en el suelo, que nos embaraçaban el camino de suerte que no podíamos pasar sin rodear mucho y con muy gran trabajo (cap. V).

Si bien la condición de «maravilla» aleja y extraña la realidad, a la vez convierte la aspiración en algo imposible de materializar más allá de la descripción. El espacio utópico americano como reino de la felicidad, comienza a dibujarse. Sin embargo, el acto de la descripción puede, a veces, no resultar tan gozoso como la mera observación. Comunicar verbalmente lo distinto lleva en ocasiones a la desesperación del cronista por la incapacidad del vocabulario. Los árboles, por ejemplo, serán grandes o pequeños, de tal nombre o de tal otro, porque predomina el inventario, tanto en la flora como en la fauna, salvo alguna que otra pormenorizada descripción de algún animal insólito, zarigüeya o bisonte (cap. VII y XVIII). La exuberancia descriptiva de algún territorio lo acerca al concepto de lo «real maravilloso americano», como lo definiría en el siglo xx Alejo Carpentier. Veamos un ejemplo de la zona de Apalache:

Por allí la tierra es muy fría; tiene muy buenos pastos para ganados; ay aves de muchas maneras; ansares en gran cantidad, patos, ánades, patos reales, dorales y garçotas y garças, perdices; vimos muchos halcones, neblís, gavilanes, esmerejones y otras muchas aves (cap. VII).

La tierra, el clima (esas recurrentes tempestades), el paisaje, el suelo y el subsuelo (ese oro que guía la codicia de Narváez) arrojan con mayor frecuencia un saldo negativo, pues las dificultades para sobrevivir alcanzan límites increíbles, como lo ocurrido en la isla de Malhado que, haciendo honor a su nombre, impuesto posteriormente, obligó a nuestro héroe a

sacar las raízes para comer, debaxo del agua, y entre las cañas donde estaban metidas en la tierra, y desto traía yo los dedos tan gastados que una paja que me tocasse me hazía sangre dellos (cap. XVI).

La imagen de la naturaleza es, a veces, tan desproporcionada y fabulosa que asume las funciones que en la novela, la épica o la hagiografía tenían las cavernas misteriosas o los sitios míticos. Así se podría interpretar ese árbol ardiendo que dio calor a Núñez durante una noche entera, evitándole morir de frío.

b) El hombre

La posesión de la tierra, por parte de Núñez, es descriptiva, su diálogo con la naturaleza viene dado por la «trinidad» Dios-Naturaleza-Hombre; el anhelo y la aspiración de la armonía renacentista es presente en él, hombre del Renacimiento. Pero su mente estaba moldeada también por las imágenes transmitidas, durante generaciones, de cuentos sobre lo fantástico y lo maravilloso. Lo desconocido se relaciona así con lo extraordinario: los indios de la Florida «desde lejos parescen gigantes» (cap. VIII), pero también se relaciona con las tradiciones cristianas y clásicas, el Paraíso Terrenal y la Edad de Oro, Edén y Arcadia, fuentes de inocencia, simplicidad o fertilidad.

Núñez combina dos visiones típicas en la época, por un lado, presenta la inocente América: la inocencia de los bárbaros frente a la barbarie de los civilizados, patente en el cap. XXXII; pero, a pesar de su entusiasmo lascasiano, no puede dejar de observar que otras tribus de este idílico mundo tienen también vicios, son belicosos, mentirosos o ladrones (caps. XVI, XVIII y XIX). El hombre americano, aún más que la entidad geográfica, había obligado a los europeos a una fundamental reconsideración de las ideas y actitudes tradicionales. Según la herencia religiosa o el grado de civilización, los europeos habían clasificado a los hombres en cristianos o paganos, civilizados o bárbaros. La consideración de bárbaros, tomada de Aristóteles, era sinónimo de hombre salvaje o fiero que vive solitario, en las selvas, sin religión ni sociedad. Las doctrinas clásicas de la Edad de Oro habían creado también la teoría de que el solitario hombre de las selvas podía representar al hombre en un estado de primitiva inocencia. Si circulaba esta doble corriente de opinión, no nos debe extrañar que en el relato de Cabeza de Vaca coexista la consideración de bestialidad e inocencia, los indios son, a veces, gentes sin razón, y otras, seres humanos, capaces de las mayores muestras de altruismo.

Fruto de su experiencia y convivir íntimo, aunque por causas ajenas, Núñez los examina desde el punto de vista moral y físico. Sus descripciones de los semínolas (cap. VII) o de sioux o dakotas (cap. XI) son precisas, así como el comportamiento que observa en la variopinta gama de tribus que conoce. La precisión detectada a la hora de retratar los diversos pueblos de la zona de Apalache sólo es comparada a la empleada en la isla de Malhado (cap. XIV), documento antropológico de tribus cuya característica más sobresaliente será su bondad, tanto en el trato a los españoles como entre ellos mismos: «es la gente del mundo que más aman a sus hijos y mejor tratamiento les hazen» (cap. XIV). Normalmente, la descripción viene guiada por un procedimiento selectivo encaminado a resaltar aquellas costumbres que le resultan más «extrañas» a su mentalidad o hábito –el concepto de extrañeza es común a los cronistas indianos–, por eso, en este capítulo, se detendrá en los ritos funerarios. Como en Malhado comenzaron a ejercer como físicos (médicos), ello le permite narrar la forma en que esta tribu curaba a los enfermos. Del mismo valor testimonial participa el cap. XVIII (*mareames* e *iguaces*), aspecto físico, sistema de alimentación o conducta moral serán algunos de los elementos descriptivos[39]. El objetivismo que suele caracterizar a Cabeza de Vaca se pone en tela de juicio con la enumeración hiperbólica de los alimentos de estas tribus:

Comen arañas e huevos de hormigas y gusanos e lagartijas e salamanquesas e culebras y bívoras, que matan los hombres que muerden, y comen tierra y madera e todo lo que pueden aver, y estiércol de venado y otras cosas que dexo de contar (cap. XVIII).

En otra ocasión, se sorprenderá de la utilización del tabaco mezclado con algún alucinógeno: «en toda la tierra se emborrachan con humo y dan cuanto tienen por él» (cap. XXVI), o la forma de preparar el mezquiquez (cap. XXVII). Como detalle pintoresco surge su sorpresa ante nativos homosexuales (cap. XXVI) o ante la caza de la liebre (cap. XIX).

Núñez es, en líneas generales, partidario de la postura lascasiana con los indios, lo que no implica, por supuesto, su convicción de conquistador, próxima al *Requerimiento* que promete paz, si se someten, y guerra, si se rebelan. Sus dotes de observación, a más de sagaces, son intencionadas de cara a una utilidad futura: «yo la quise aquí poner, para que se vea y se conozca cuán diversos y estraños son los ingenios e industrias de los hombres» (cap. XXX).

A partir de la escapada de la isla, coincidiendo con la última parte del relato, la óptica del autor-protagonista se duplica al dar testimonio también de cómo los indios ven a los españoles. A medida que la fama como médicos se acrecienta, progresivamente irán recibiendo mejor trato, mezcla de agradecimiento y temor por los poderes milagrosos del grupo, hasta el punto de que los indios les siguen como a auténticos redentores (cap. XXVIII), y Núñez llega a admitir que «entre todas estas gentes se tenía por muy cierto que veníamos del cielo» (cap. XXXI), circunstancia que aprovechará nuestro protagonista para manifestar el propósito evangelizador, subyacente en toda empresa americana del momento:

Y díxímosles, [...] que en el cielo avía un hombre que llamávamos Dios, el cual avía criado el cielo y la tierra, y que éste adorábamos nosotros y teníamos por Señor y que hazíamos lo que nos mandava, y que de su mano venían todas las cosas buenas, y que ansí ellos lo hiziessen, les iría muy bien dello (cap. XXXI).

Más jugoso aún resulta el capítulo siguiente, pues en él asistimos a la visión que los indígenas tenían del hombre blanco en general. Cuando Castillo ve colgada, al cuello de un nativo, una hebilleta de talabarte de espada, cual amuleto precioso, se encuentra con la explicación de que se la habían dado «unos hombres que traían barbas como nosotros, que

habían venido del cielo y llegados a aquel río, y que traían caballos, lanzas y espadas» (cap. XXXII), donde se refleja la mítica idea del hombre venido del Este para conquistarlos. Núñez, ante situaciones como éstas o similares, no se limita a informar sino que se compromete con los hechos y, en una línea
crítico-realista o denunciadora, lanza su reproche ante un injusto trato a los indios (cap. XXXII) que le llevará a formular
abiertamente su ideal evangelizador, en la onda lascasiana:

> por donde claramente se vee que estas gentes todas para ser atraídos
> a ser christianos y a obediencia de la Imperial Magestad han de ser
> llevados con buen tratamiento, y que éste es camino muy cierto, y
> otro no (cap. XXXII).

Y aunque no se puede descartar la intención autoapologética, lo cierto es que nos relata la diferencia abismal de comportamiento entre ellos y otros cristianos, y cómo la han sabido apreciar y expresar los indígenas (cap. XXXIV). Su rectitud de conducta –que tan graves conflictos le ocasionó en el
Plata– le lleva a estar del lado de la justicia, por encima de la
llamada de la sangre. Por eso, ante la violencia en el trato al
nativo o las dificultades que aquéllos les ponen por asentarse
y sembrar las tierras –se está refiriendo al reclutamiento de
esclavos, lo que obliga a los indios a un continuo nomadismo–, lanzará su proclama sin rodeos:

> Despedidos los indios, nos dixeron [...] si los christianos los dexa
> van; y yo assí lo digo y affirmo por muy cierto, que si no lo hizieren
> será por culpa de los christianos (cap. XXXIV).

Claramente se aprecia que a estos capítulos finales ha reservado el autor la carga ideológica, en parte también porque
las circunstancias le eran favorables con el cambio de situación. Los capítulos XXXV y XXXVI ahondan en la idea evangelizadora y aún pone al descubierto uno de los principios
rectores del pensamiento de la época, magistralmente señala-

do, poco después, por el Inca Garcilaso de la Vega, me refiero al uniformismo sicológico (religioso, en este caso):

> y preguntados en qué adoravan y sacrificaban, y a quien pedían el agua [...] y la salud [...], respondieron que a un hombre que estava en el cielo. Preguntámosles cómo se llamava y dijeron que Aguar, e que creían que él avía criado todo el mundo y las cosas dél [...]. Nosotros les diximos que aquel que ellos dezían nosotros le llamávamos Dios, y que ansí lo llamasen ellos... (cap. XXXV).

Eco evidente del universalismo católico que justifica la empresa de asentamiento en aquellas tierras, se ajusta así a dos principios básicos del momento, según Tijeras: la fidelidad indeclinable al emperador y el empeño honesto de extender las enseñanzas evangélicas.

Lo más interesante y novedoso en este tema es su visión del mundo indígena desde su óptica de europeo, metido en ese mundo, y la sumisión de/a los indios. Este aspecto ha llamado especialmente la atención de T. Todorov: «Mais c'est évidemment sur le plan de l'identification (possible) que l'exemple de Cabeza de Vaca est le plus intéressant»[40]. Para sobrevivir se verá obligado a ejercer el oficio de mercader, durante seis años, entre la costa y el interior, y el de curandero o médico, con una curiosa mezcla de prácticas indígenas y oraciones cristianas. En suma, tiene que convivir con los indios y llegará a apreciarlos a medida que su amistad se estreche y el buen trato lo permita, pero no hasta el punto de querer permanecer para siempre entre ellos[41], pues su búsqueda de territorios cristianos y su deseo de reunirse con los de su raza no le abandonan.

Viajero en continuo peregrinar, héroe desarraigado, aprovecha su circunstancia para observar o inventariar un territorio, unos hombres y unas costumbres que se les presentan bajo la condición de «extrañas», desgajadas de la maravilla original. Pionero de una larga saga de viajantes que les pisarán las huellas en empresas similares, los Alonso Ramírez,

Concolorcorvos o Periquillos, el viaje como búsqueda ha sido desde siempre un motivo repetido y de honda tradición.

Hasta seis lenguas distintas cuentan que llegaron a aprender y, aunque la comunicación se hizo cada vez más fluida, sin embargo, al llegar a Nueva Galicia, los de su raza –para que la aventura sea aún más dramática si cabe– los reciben con una hostilidad similar a la de algunas tribus nativas, por lo que él tomará conciencia y se hará receptivo de la situación al hablar en plural (un «nosotros» que incluye al grupo de indios que los acompañaban), frente al corrompido mundo de los de su raza.

Naturaleza e indígena encuentran una riqueza y variedad de matices en su relato. Frente a unos conceptos de época, donde una «naturaleza novedosa debe ser estudiada para mayor gloria de Dios y de la armonía global del Universo»[42], sus palabras del *Prohemio* de los *Comentarios*:

Y para ejemplo de que otros hombres estén ciertos y seguros que la poderosa mano de Dios (que todo lo abraza) por cualquier parte del mundo los guiara y ayudara, di cuenta a su Majestad en la breve relación que con estos Comentarios va,

u otras consideraciones del momento; Cabeza de Vaca puede ser original con sólo «una vuelta de tuerca».

La imaginación creadora

Las inserciones creativas de los *Naufragios* pueden ser apreciadas de forma diversa. A un nivel general es fácil observar el esfuerzo del relator por seleccionar entre los datos de su memoria aquellos que confieren una mayor potencialidad expresiva a lo narrado. Así, el piloto Miruelo, elegido por el gobernador, resulta ser un desastre en su oficio, pero tal ineptitud está narrada con un procedimiento indirecto que refuerza aún más uno de los problemas centrales: las calamidades sufridas.

Las tormentas, gorgonas que atenazan de continuo a la expedición desde su salida, resultan ser, en este caso, un elemento salvador pues, gracias a una de ellas, consiguen desencallar de los bajos de Canarreo, donde la ineptitud de Miruelo los había arrastrado (cap. II).

Como diestro narrador, conoce los artilugios para despertar el interés del lector y, así, crea sus expectativas, ¿qué pasó con la nave de Narváez a la que perdimos el rastro en el cap. X? Habrá que esperar al cap. XVII y XVIII para que lo sepamos, así como no sabremos hasta el cap. XIX la historia completa del resto de las barcas. A la misma finalidad responden los sucesivos encuentros y desencuentros de los supervivientes, a raíz de la dispersión total ocurrida en el cap. X. En el capítulo XIII se encuentran Núñez, Dorantes y Castillo; en el XV son separados por los indios, en el XIX consiguen unirse de nuevo y, en el XX, huyen juntos. Dichos cambios bien podrían ser explicados como recursos o préstamos de las novelas bizantinas o, en el mejor de los casos, como legado de la herencia literaria de la época.

Los *Naufragios* comparte con la prosa novelada la similitud de recursos expresivos, así se ve en las fórmulas de enlace *dexar y tornar:* «Dexo aquí de contar esto más largo» (cap. VIII).

Las digresiones del relato responden, en líneas generales, a los fragmentos descriptivos de pueblos, gentes, costumbres; sin embargo, hay una breve historia intercalada que nos lleva a pensar en una analogía fabulosa de las muchas que provocaron en la mente del cronista el escenario americano. El referente literario se debe encontrar en algún libro hagiográfico del Medievo al que, como bien se sabe, se le concedía historicidad absoluta. ¿Cómo explicar las prodigiosas hazañas de Mala Cosa –un claro eufemismo– sino como una versión del demonio? La retórica de la persuasión y las tensiones que ante lo insólito experimentó el cronista español, explicaría la narración intercalada. Como apunta Pupo Walker, «el contacto mental y casi fulminante entre el entorno físico y lo legenda-

rio inicia una manera de pensar la historia que de por sí invi-
tará repetidamente al concurso de la facultad imaginativa del
narrador»[43], y aunque Núñez no abusará de ello, aún pueden
apreciarse algunos ejemplos:

Y ovo hombres este día que juraron que avían visto dos robles cada
uno dellos tan gruesso como la pierna por baxo, passados de parte a
parte de las flechas de los indios (cap. VII).

Además, los *Naufragios* fue una de las obras que contribuyó
a difundir el mito de las siete ciudades. A partir de su propaga-
ción, en Nueva España se extiende la idea de que al norte de la
ruta seguida por los expedicionarios existían siete ciudades
fundadas por siete obispos fugitivos de los árabes[44]. Dos fran-
ciscanos intentaron llegar hasta allí, fray Juan de Olmedo y fray
Marcos de Niza. La expedición de fray Marcos, financiada por
el virrey de Nueva España, don Antonio de Mendoza (1539),
contó con la participación del negro Estebanillo, quien allí encontró la muerte. A su vuelta, fray Marcos cuenta haber visto
desde lejos Cíbola, una de las siete fantásticas ciudades. Ani-
mados por esta idea se organiza otra nueva misión explorado-
ra a cargo de Francisco Vázquez Coronado. Nada de lo dicho
por el iluso fray Marcos se encontró; sin embargo se descubrió
el Gran Cañón del Colorado y la desembocadura de este río.

En los primeros libros que se ocuparon en describir el
Nuevo Mundo se aprovecharon gran cantidad de antecedentes
tes literarios. Destaca, entre otros, las historias de náufragos
abandonados que aparecen en Oviedo, Bernal y el Inca Garcilaso. Quizás, la más célebre sea la historia de Pedro Serrano,
narrada por Garcilaso en sus *Comentarios Reales* (caps. VII
y VIII), que está indudablemente emparentada con la de Núñez y aún más con la de Mala Cosa, pues bien pudiera ser este
personaje un náufrago que, involuntariamente, vino a parar a
aquellas tierras de indios, en algunas de las anteriores tentativas de exploración del territorio.

Los relatos de náufragos abandonados eran una forma literaria muy común en aquellos tiempos. Dice Antonello Gerbi: «El náufrago es la catástrofe que destruye la estructura económica y técnica vigente, sin destruir la vida de supérstite. Anula su condicionamiento histórico y jurídico y hace de él un simple ser de naturaleza. Es, por consiguiente, el paso más fácil de la realidad a la utopía, de la sociedad a la Naturaleza, del Pasado al Futuro»[45]. Los tópicos de aventuras y fracasos en el mar, cuyo antecedente más lejano habría que situarlo en la *Odisea* y que, con posterioridad, fue material propicio de la novela bizantina, encuentran un magnífico exponente en la obra de Cabeza de Vaca, cuyo mismo título adquiere un valor paradigmático, pues desde el inicio de la navegación hasta que se pierden las naves definitivamente (cap. X), van a conocer sucesivos fracasos en el mar (y aún creo que puede hacerse extensivo el naufragio a la errabunda y desorientada marcha por tierra, tomando la palabra en su sentido figurado de desgracia). En el cap. I, cuando están anclados en la isla de Trinidad, una tormenta les hace perder los navíos y gran número de gentes. A partir de ahí y hasta el cap. X, tempestades, vientos contrarios y demás vicisitudes atmosféricas pondrán repetidamente en peligro sus vidas, hasta el punto de que el grueso de la expedición sucumbe por estas causas, como más tarde se sabrá. Cuando intentan regresar a España (cap. XXXVII), una tormenta les impide salir y otra los coge en la isla Bermuda «y toda una noche nos tuvimos por perdidos».

Unido al naufragio se constata la recurrencia de unos determinados tópicos, tales como:

– las tempestades (caps. I, II, V, VI, IX, etc.);
– el frío, que agrava aún más la situación calamitosa de los supervivientes, debido a la casi o total, a veces, ausencia de ropas. Aparece con frecuencia ligado al mal tiempo (caps. IV, XII, XIV o XVI, entre otros): «Con mucho frío, sin osar entrar en la mar por la mucha tormenta que en ella avía» (cap. IX);

– las mudanzas de la fortuna, sobre todo, en el trato que reciben de los indios. Su forma de aparición habitual es por designio divino;

– el hambre y la sed. Desde el cap. IV hasta casi el final, cuando emprenden el camino del maíz, son fieles compañeras de los supervivientes. Normalmente unidas al frío, convierten su situación en extrema, viviendo al borde de la muerte de continuo, «cresciendo cada día la sed y el hambre» (cap. IX). A tal extremo se llega que los casos de antropofagia son narrados sin dramatismo:

y cinco christianos que estavan en rancho en la costa llegaron a tal estremo que se comieron los unos a los otros hasta que se quedó uno solo, que por ser solo no hubo quien lo comiesse (cap. XIV).

Indudablemente, todo un campo semántico de la desdicha se desprende del relato donde palabras como hambre, frío, muerte, dolor, lágrimas, temor, heridas, desventuras, miserias, trabajos, sufrimientos, etc., se repiten incesantemente. Frente a este cúmulo de calamidades, una estoica resistencia y unidad entre los supervivientes parece adueñarse de sus espíritus, cual heroicos personajes de los libros de caballería, cuya figura de la amada y su servicio al rey todo lo puede, mientras que aquí no hay otro consuelo que Jesucristo y la lealtad al emperador. Viaje, búsqueda, aventuras y peligros conectan a los *Naufragios* con toda una tradición literaria, pero también con una tradición de hombres avezados en todo y amantes del peligro, como fueron los viajeros de Indias.

Pero aún pueden rastrearse en esta obra otras inserciones creativas, tales como el recurso retórico del «presagio» –típico de las novelas bizantinas– que está referido tanto a las cajas funerarias de los mercaderes de Castilla (cap. IV) como a la alusión a mágicos amuletos (la hebilleta de talabarte de espada, cap. XXII). David Lagmanovich, ahondando en este aspecto, encuentra un paralelismo con la literatura fantástica en la utilización de algunos de sus recursos, como el de la «flor de Coleridge», en la historia de Mala Cosa:

E como ellos vieron que no lo creíamos, truxeron muchos de aquellos que dezzían que él avía tomado, y *vimos las señales de las cuchilladas* que él avía dado en los lugares, en la manera que ellos contavan (cap. XXII).

Por su parte, el relato de la Mora de Castilla ofrece una variante de la «profecía»: las aventuras y vicisitudes descritas por Alvar Núñez aparecen como previstas y contenidas en la profecía: «Lo que ocurre es que Alvar Núñez, al narrar sus aventuras, no ha hecho más que recordar lo profetizado. De esta manera se cancela por un instante la progresión lineal de la historia que repentinamente queda supeditada al mundo de la ficción»[46], y aún la persona de Cabeza de Vaca resulta enaltecida a través de la profecía: «si alguno saliese (con vida) que haría Dios por él muy grandes milagros».

No pocos motivos encontrará la picaresca en esta *Relación*, pues no sólo el hambre, sino el servir a varios amos o el cambio de oficio (médico-mercader-médico). Para sobrevivir, nuestro protagonista y sus compañeros, se ven obligados a actuar como chamanes, con sorprendente éxito. Para escapar del hambre y las penalidades intentan actuar haciendo acopio de su imaginación, religiosidad y capacidad de observación. Ya fuese succión, soplos, imposiciones de manos o delicada operación quirúrgica, sus movimientos iban acompañados de alguna plegaria cristiana, que en ningún caso debe atribuirse, como dice Lafaye, a «prácticas dignas de gitanos andaluces»[47], sino más sencillamente a un hondo sentimiento religioso del que Alvar Núñez hace gala a lo largo de todo el relato. El devolver la vida a un indio, dado por muerto, llevó posteriormente a Gómara a hablar de «milagros» y de «resucitar a los muertos». Hecho que no nos debe extrañar ya que la peregrinación de estos hombres, curando enfermos, de pueblo en pueblo, es relatada con ciertas connotaciones cristianas, cual si se trataran de Jesucristo y sus apóstoles. Resulta curiosa la trascendencia posterior de este hecho, ya que la fama de milagrero y la protección del cielo lo acompañaron de modo tal que, en los *Comentarios,* se nos dice, impasiblemente, cómo en el regreso a España, una tormenta fue calmada cuando le quitaron las cadenas a nuestro héroe (cap. LXXXIV)[48]. Los milagros de Alvar Núñez se hicieron tan famosos que aún en el siglo XVIII eran aceptados por la Compañía de Jesús.

Antonio Ordoino en su *Examen Apologético,* Madrid, 1736, defendía a Cabeza de Vaca frente a la propuesta de un monje australiano, Gaspar Plauto, quien en 1621, bajo el nombre de Philoponus, publicó un tratado en el que rechazaba que legos como Cabeza de Vaca pudiesen hacer milagros[49].

El éxito creciente entre los indios, además de las curaciones, se debió al desplazamiento de éstos hacia el Oeste, pues existía la creencia de que hombres sobrenaturales vendrían del Este para dominar el país y enriquecerlos:

Y los robadores, para consolarles les dezían que éramos hijos del Sol (cap. XXVIII).

antes unos con otros entre sí platicavan, diciendo que los christianos mentían porque nosotros veníamos de donde salía el sol y ellos donde se pone (cap. XXXIV).

Como bien ve Lafaye, «la interferencia entre la orientación geográfica de las conquistas y la calidad metafísica y moral atribuida a los puntos cardinales y a las zonas del espacio en las filosofías indígenas produjo "milagros" mixtos»[50]. A pesar de los decretos papales, en 1625 y 1634, declarando «nulos e inválidos» los pretendidos prodigios, siguieron campeando en crónicas e historias.

El instinto de supervivencia llevó a Núñez a adaptarse a todo, desde la variedad de trato recibido –palos o afectos– a cualquier cosa que le aplacase el hambre –raíces o raspaduras de cueros–. Y en los momentos de mayor desesperación aparece siempre su consuelo en Dios:

No tenía cuando en estos trabajos me vía otro remedio ni consuelo sino pensar en la passión de nuestro redemptor Jesuchristo y en la sangre que por mí derramó (cap. XXII).

Hay una frase, casi al final del relato, donde se resumen las penalidades del protagonista: «Y dí gracias a Nuestro Señor por averme escapado de los trabajos de la tierra y peligros de la mar» (cap. XXXVII). Tierra y mar nos permiten una posible estructuración del texto en cuatro partes casi simétricas:

– Capítulos I al X: Formación de la expedición. Dispersión de las naves (aventuras marítimas).
– Capítulos XI al XIX: Pérdida del rumbo. Cautiverio. Reencuentro (aventuras terrestres).
– Capítulos XX al XXXI: Huida del cautiverio. Rastros de civilización (aventuras terrestres).
– Capítulos XXXII al XXXVIII: Noticias de cristianos. Regreso a la civilización (aventuras terrestres y marítimas).

Cada parte tiene una entidad por sí misma. Así, en la primera parte se puede advertir la mala planificación de la comitiva, tanto por los lugares o puertos donde recalaban las naves, como por la impericia del piloto Miruelo –que debía conocer las costas de oídas–, llegando a su punto máximo con la resolución del adelantado Narváez de abandonar a su suerte gran parte de la expedición. Cabeza de Vaca, que en otras ocasiones ha tenido que actuar de mediador, de elemento cohesor ante las posibles divergencias de los expedicionarios, mostrando siempre prudencia y sagacidad, quiere dejar bien clara su total inculpabilidad y la actitud descabellada de Narváez, cuando dice:

Yo, como vi esto, pedile que para poderle seguir me diesse un cabo
de su varca, y él me respondió que no harían ellos poco si solos aquella noche pudiessen llegar a tierra [...]. Él me respondió que ya no era
tiempo de mandar unos a otros; que cada uno hiziese lo que mejor le
paresciesse que era para salvar la vida, que él anssí lo entendía de hazer. Y diziendo esto, se alargó con su varca (cap. X).

Ya con anterioridad (cap. IV) había tenido un enfrentamiento verbal con Narváez sobre la actitud a seguir, si entrar
en el territorio o no, donde Núñez dejaría bien claro su concepto de la fama[51] u honra, ideal caballeresco que le preocupa
como hombre renacentista:

dar ocasión [...] que mi honrra anduviesse en disputa, y que yo quería más aventurar la vida que poner mi honrra en esta condición
(cap. IV).

El contraste entre el buen sentido de Cabeza de Vaca, que
continuamente hará palpable su limitada responsabilidad, y
la descabelladada actitud del adelantado, queda bien patente.
Esta última, unida a los fenómenos atmosféricos adversos,
resultan ser los motivos más sobresalientes de esta primera
parte. Con el episodio de la dispersión de las barcas se «segna
il definitivo suoperamento della frontiera tra la civiltà residua
e la sconfinata barbarie»[52].

La segunda y tercera parte serán las más novelescas del relato; no es poco azar que pasase casi seis años en una isla, sin
ningún contacto con la civilización. Las amarras que no le
quiso tender el gobernador actúan a modo de metáfora que le
desprende del contacto con los suyos, con la civilización, y lo
sumerge en las tinieblas de lo desconocido. Convertido en
náufrago, su resistencia física ante una necesidad cada vez
más severa, su osadía, grandiosidad de ánimo, etc., van cu-
briéndole de cualidades heroicas. A mayor penalidad, mayor
entereza por contraste. El desnivel se hace, aún si cabe, más
llamativo, cuando relata el fin que tuvo la armada:

Y no lo podiendo sufrir Sotomayor, hermano de Vasco Porcallo, el de la isla de Cuba, que en el armada avía venido por maestre de campo, se rebolvió contra él y le dio un palo, de que Pantoja quedó muerto, y assí se fueron acabando. Y los que morían, los otros los hazían tasajos; y el último que murió fue Sotomayor, y Esquivel lo hizo tasajos, y comiendo dél se mantuvo hasta primero de Março (cap. XVII).

Cabeza de Vaca atraviesa un territorio ignoto en todas sus dimensiones, físicas y humanas, manteniendo una actitud pragmática siempre, guiado por el instinto de supervivencia, ajustándose a la realidad según la encuentre y cuidando, a pesar de todo, tener «particular memoria» de lo que ve. Todo esto contribuye al realce de sus dimensiones heroicas. Cual héroe picaresco se hará mercader «porque andando en él tenía libertad para ir donde quería y no era obligado a cosa alguna y no era esclavo» (cap. XVI) o médico, como vimos. Aunque los atributos de hombre civilizado hayan tenido que desaparecer, su asimilación al ambiente no es consustancial, pues nunca pierde el deseo de regresar a su mundo:

Y de mí sé dezir que siempre tuve esperança en su misericordia que me avía de sacar de aquella captividad (cap. XXII).

Y aún se advierte cierto prurito de orgullo y superioridad frente a los indios cuando apunta que «teníamos con ello mucha autoridad y gravedad y para conservar esto les hablábamos pocas vezes» (cap. XXXI).

Con el retorno a la civilización entramos en la cuarta y última parte. Así como Martín Fierro ideó su utopía en convivencia con los indios y salió escarmentado de la experiencia, Cabeza de Vaca, que soñó durante tanto tiempo con el dorado deseo de volver con los cristianos, sale frustrado del primer encuentro. El recibimiento de Diego de Alcaraz y los suyos no pudo ser más desastroso. Se encuentra con un comportamiento inhumano y corrupto, hasta el punto de que el narrador se permite la siguiente reflexión:

donde paresce cuánto se engañan los pensamientos de los hombres,
que nossotros andávamos a les buscar libertad y cuando pensávamos que la teníamos suscedió tan al contrario (cap. XXXIV).

Es en esta parte donde se manifiesta a un Cabeza de Vaca
colonizador, evangelizador, paladín de ese móvil conquistador, y denunciante del comportamiento de los de su raza con
la tierra y sus habitantes:

estas gentes todas, para ser atraídos a ser christianos y a obediencia
de la Imperial Magestad, han de ser llevados con buen tratamiento, y
que éste es camino muy cierto, y otro no (cap. XXXII).

No sólo apunta métodos de colonización, sino las posibili-
dades de explotación de las tierras que atraviesa. Es curioso,
también, ver cómo lo primero que pide cuando ve a los de su
raza es día, mes y año de llegada (cap. XXXIII), con lo que se
inserta de nuevo en el tiempo de los hombres, el tiempo cro-
nológico, frente a la atemporalidad de su vida robinsoniana.

El estilo

Por su carácter de «relación», las asociaciones de naturaleza
culta (alusiones a personajes de la Antigüedad, citas latinas,
etc.), frecuentes en otros cronistas (Oviedo, Garcilaso, etc.),
no aparecen nunca. Su imaginación no se desplaza hacia digresiones que nos permitan apreciar sus conocimientos eru-
ditos, sino hacia lo documental, lo visto y lo vivido (carece-
mos, además, de datos personales referentes a su formación
cultural). La única alternativa del relato es pasar de las vicisitudes de los expedicionarios al descriptivismo de gentes y
costumbres.

Normalmente, los capítulos se corresponden con secuencias
determinadas, de modo que se abra en el capítulo siguiente
una perspectiva nueva. Otras veces suele haber un cambio de

tiempo entre uno y otro capítulo. Una de las fórmulas más repetidas en los encabezamientos es «otro día»; o bien la llegada a un nuevo lugar: «llegados que fuimos a la vista de Apalache» (cap. VI), o incluso la introducción de una cuña descriptiva: «En aquella isla que he contado nos quisieron hazer físicos» (cap. XV)[53].

En cuanto a la cronología, es evidente el salto temporal de carácter variable, oscilando entre unos meses y seis años. Así, los diecinueve capítulos primeros cubren un período de ocho años, rasgo indudable de que «los materiales del relato están seleccionados por su importancia y ordenados dentro de una cronología flexible, que permite las necesarias expansiones y contracciones para acomodar el discurso narrativo»[54].

La *Relación* no es un ejemplo de perfección estilística como podría serlo *La Florida* del Inca, cuya formación intelectual debió ser muy superior a la de Cabeza de Vaca. Predomina el período largo, la polisíndeton, la parataxis y la casi total ausencia de estilo directo, que produciría monotonía si no fuese por su interesante y variopinto contenido. Su prosa se ajusta, a veces, a la forma clásica del discurso ciceroniano, períodos largos y pausados:

Otro día, de mañana, vinieron allí muchos indios y traían cinco enfermos que estavan tollidos y muy malos y venían en busca de Castillo que los curasse, e cada uno de los enfermos ofresció su arco y flechas, y él los rescibió y, a puesta de sol, los santiguó y encomendó a Dios Nuestro Señor y todos le suplicamos con la mejor manera que podíamos les enbiasse salud... (cap. XXII).

Su estilo se guía por la prosa natural y sin artificios retóricos que imperó en España en la época de Carlos V, sin la recargada afectación del lenguaje cortesano de los siglos XIV y XV. A veces, sin embargo, se complica la comprensión, como fruto de un enrevesamiento sintáctico.

Joan Estruch apunta, a propósito del estilo indirecto o los largos períodos, la posibilidad de un método de redacción

basado en la transcripción, por un escribano, de la relación
oral de Alvar Núñez. Dicha existencia es más que probable,
ya que explicaría la frase final del capítulo XXXVII, que no
tendría sentido en la pluma de Cabeza de Vaca:

Ý porque es assí la verdad como arriba en esta relación digo lo firmé
de mi nombre, Cabeça de Vaca. *Estava firmado de su nombre y con el
escudo de sus armas la relación donde éste se sacó* (cap. XXXVII).

Otra posible explicación a dicha frase es que el editor de la
segunda impresión (1555) introdujese esta apostilla, como
hizo en el caso de los capítulos.

«La primera visión de América es la visión de un sueño
[...]. El hombre que como descubridor, como conquistador,
como emigrante o como viajero llega a América, al mismo
tiempo que se americaniza, va revistiendo su nuevo mundo,
tan extenso, con las imágenes y las voces de su mundo fami-
liar»[55]. Las palabras de Ángel Rosenblat nos llevaría a apreciar el modo de aprehensión de una realidad exótica y des-
lumbrante. Cabeza de Vaca utiliza con mayor frecuencia el recurso de la oposición o la comparación. Así, los palmitos
serán «de la manera de los de Andalucía» (cap. V) o «de la
manera de los de Castilla» (cap. VII); las raíces son «como
nueces» (cap. XIX) o una fruta nueva y desconocida es «como
frísoles» (cap. XVI); el mezquiquez es «de la manera de alga-
rrobas» (cap. XXVII), o un río es tan ancho como «el de Sevilla» (cap. XXVII). Son asociaciones encaminadas a aproxi-
mar la realidad americana a los moldes tradicionales de la
vida europea. Le sigue en importancia la mera descripción
(v. gr., los vestidos de las indias, capítulo XXXI). Pero el procedimiento consistente en conservar la realidad americana
con nombre americano, salpicando su prosa de «americanis-
mos», es lo más significativo. Palabras como buhíos o bohíos,
papagayos, cacique, maíz, manigua, areito, canoa, tuna, etc.,
ponen de relieve uno de los rasgos más sintomáticos de esta

literatura temprana, el mestizaje lingüístico. No estaba desencaminado Agustín Yáñez al aducir «aún la lengua está contaminada no sólo con vocablos y giros antípodas, no sólo con asuntos de fábula; más todavía, normas inconcebibles de pensar y de sentir la condicionan»[56].

Al final de este recorrido por la obra de Cabeza de Vaca no nos debe sorprender que aún creamos que su versión de los hechos fue legendaria pero acaso, como dijo Borges, «la realidad puede ser demasiado compleja para la transmisión escrita», y también es cierto que este hombre realizó un viaje único en su tiempo; de él saldrá enriquecido en muchos planos. Su experiencia fue un descenso a los infiernos que sólo una naturaleza superior podía resistir, para fortuna de los que en el tiempo hemos podido deleitarnos con la lectura de sus páginas. Por eso es un clásico, porque «las generaciones de los hombres, urgidas por diversas razones, leen con previo fervor y con una misteriosa lealtad»[57]. El que en vida cosechó tanta desdicha, legó a la posteridad un placer excepcional: la lectura de su obra.

Criterios de edición

La *Relación* de Alvar Núñez Cabeza de Vaca, más conocida con el nombre de *Naufragios,* fue impresa por primera vez en Zamora, 1542, y, con ligeros cambios, reimpresa junto a la primera edición de los *Comentarios,* en Valladolid, 1555[58]. Es esta última edición la que hemos ofrecido aquí. De ella existen dos ejemplares en la *Sección de Raros* de la Biblioteca Nacional de Madrid. Al primero de los ejemplares le falta la portada y el folio VIII; al segundo, la licencia de impresión, el prohemio y el folio XLI. El folio VII y VIII están descolocados. Existe un tercer ejemplar en la colección Graíño de la Biblioteca del I. C. I., que está en mejores condiciones de conservación. El libro es un volumen en octavo con un total de

CXLIII folios, impresos en letra gótica, a excepción de la licencia de impresión, el prohemio de los *Comentarios* y la tabla de éstos.

Los *Naufragios* y *Comentarios* se reimprimirían en Madrid, 1736, precedidos por un «Examen Apologético» de don Antonio Ardoino, edición que sería incluida en el volumen I de *Historiadores primitivos de las Indias occidentales*, Madrid, 1749, a cargo de Andrés González Barcia. Su preparador suprimió la licencia de impresión y los prohemios dirigidos a S. M. y al príncipe D. Carlos. Reimpresión de ésta es la que figura en el tomo XXII de la B. A. E., *Historiadores primitivos de Indias*, edición de Enrique de Vedia, Madrid 1946.

En 1906, dentro de la «Colección de libros y documentos referidos a la Historia de América», M. Serrano y Sanz edita ambas obras en Madrid, Librería General de Victoriano Suárez. Edición sumamente significativa, ya que sigue fielmente la edición de Valladolid, incluidos el prohemio y la licencia de impresión.

Merecen especial mención las ediciones del argentino Enrique Peña, en 1909 y 1911; esta última facsímil de la de Valladolid[59].

La edición princeps fue traducida al italiano en el libro III de *Navigationi et Viaggi* de Ramusio (Venezia, 1556), que fue adaptada al inglés por Samuel Purchas en el vol. IV, libro VIII, cap. l.º, de *Purchas his Pilgrims* (Londres, 1613).

La edición francesa más famosa es la que lleva por título *Relation et naufrages d'Alvar Núñez Cabeza de Vaca, Adelantade et Governeur du Río de la Plata*, publicada en «Voyages, relations et mémoires originaux pour servir à l'histoire de la découverte d'Amérique», a cargo de H. Ternaux-Compans, París, Fain, 1837.

Entre las ediciones americanas pueden destacarse:

– la de Thomas Buckingham Smith, Washington, 1851, reimpresa en 1871, Nueva York, que recoge la edición de Valladolid;

– la de Mrs. Fanny Bandelier, Nueva York, 1905, que se atiene a la edición de Zamora;

– la de F. W. Hodge y T. H. Lewis, Nueva York, 1946, que recoge ambas;

– la de Cyclone Covey, Nueva York, 1961, que ofrece una versión libre en inglés, teniendo en cuenta las dos primeras ediciones y la *Relación* de los tres supervivientes que registra Oviedo.

– La de Rolena Adorno y Patrick Charles Pautz, *Alvar Núñez Cabeza de Vaca: his account, his life, and the expedition of Pánfilo de Narváez*, Lincoln and London, University of Nebraska Press, 1999, 3 tomos. En el primer tomo va la transcripción del texto original en español –la edición zamorana– y la traducción en inglés anotada de los editores junto a un nuevo estudio de la vida de Cabeza de Vaca. En el segundo se hace un análisis del contenido de la relación: ruta, cuestiones geográficas, grupos nativos, etc. Se acompaña un estudio sobre la preparación en España de la expedición de Narváez y otro sobre el destino final de los tres supervivientes. En el tercer tomo se realiza un análisis de los contextos históricos de la expedición y otro de la creación y la recepción de la obra, comenzando con los documentos anteriores a la redacción del texto y terminando con las lecturas del mismo, desde el siglo XVI hasta la fecha de 1999.

Hasta la primera edición de este libro (1985), las ediciones españolas de los *Naufragios* seguían, en su mayoría, el texto de la B. A. E., con las consiguientes mutilaciones del proemio y la licencia de impresión, excepto la de Joan Estruch, Barcelona, 1982, cuya base fue la espléndida edición de Serrano y Sanz. En 1992 el investigador Enrique Pupo-Walker publicó en Madrid una concienzuda edición crítica basada en la de 1555 que recoge las variantes entre los cuatro textos que hoy conocemos de los *Naufragios*.

En las páginas siguientes será transcrito el primitivo texto de 1555, modernizando la grafía sólo en los siguientes casos: *q* inicial se transcribirá por *c*,

u y *v* se transcribirán según su valor consonántico o vocálico,
y se sustituirá por *i*,
se eliminarán las consonantes dobles al inicio de palabra,
se desarrollarán las abreviaturas y se puntuará el texto.
Si algún signo gráfico nos ha parecido error del impresor, lo
hemos corregido, anotando a pie de página el signo original.

Con el deseo de ser fiel a la riqueza lingüística del texto, podrá
observarse que hemos respetado la oscilación entre formas ar-
caicas y modernas, fruto del proceso transformativo que la lengua castellana sufrió a lo largo del siglo XVI: Ejemplos: *mes-
mo/mismo, do/donde, ansí/assí, truxeron/traxeron,* etc.

Notas

1. Recogida y relatada por el Inca Garcilaso de la Vega, *La Florida,* Lisboa, 1605. Cfr. libro I.
2. Gonzalo Fernández de Oviedo, *Historia general y natural de las Indias,* IV, BAE, Madrid, 1959, pp. 285 y 287.
3. Ibídem, pp. 285-286.
4. Las conquistas de Cortés se habían extendido hasta la región del Pánuco, límite norte del virreinato para la Corona.
5. El sobrenombre de León se debió al casamiento de uno de los Ponce
con doña Aldonza de León, hermana de Fernando VII.
6. En los primeros tiempos, todo nuevo descubrimiento era supuesta-
mente insular, así se habló de la isla Florida hasta fechas difíciles de
concretar, «si bien es cierto que la duda acerca de su carácter insular
subsistió hasta fines del siglo XVI» (J. Lafaye, *Los conquistadores,* México, 1970, p. 14).
7. Inca Garcilaso, *La Florida,* I, México, 1956, p. 14.
8. Apuntó que la Florida parecía más bien parte de un continente.
9. Garcilaso, *La Florida,* p. 445.
10. Cfr. el cuadro realizado por Silvia L. Hilton en su «Introducción» a
La Florida del Inca, Madrid, 1982, pp. LXXXIII-LXXXVIII.
11. I. A. Leonard, *Los libros del conquistador,* 2.ª ed., México, 1979,
p. 300.
12. Oviedo, *Historia,* II, p. 381. A favor de esa ciudad se inclinaron también Barris Muñoz, Bishop y Sopranis, entre otros.

13. Cfr. H. Sancho de Sopranis, «Datos para el estudio de Alvar Núñez Cabeza de Vaca» y «Notas y documentos sobre Alvar Núñez Cabeza de Vaca», en *Revista de Indias,* 27 (1947), 69-102 y 91-92 (1963), 207-241.

14. Sopranis, «Datos...», p. 93.

15. Juan Gil, «Notas prosopográficas», en *Historiografía y Bibliografía,* XLVII, 1990, pp. 23-58, aunque los datos referidos a Cabeza de Vaca están en las páginas 53 a 58.

16. Sopranis, «Datos...», p. 83

17. *The Oddysey of Alvar Nuñez Cabeza de Vaca,* Connecticut, 1971, pp. 8-10.

18. En los *Naufragios* abunda el sistema comparatista pero sólo en una ocasión se toma como referente Italia (cap. XXIV).

19. Dos años antes de ver la luz la primera impresión de su obra.

20. Editada en el tomo XXIII de la «Colección de documentos inéditos del Archivo de Indias», Madrid, 1875, pp. 8-33.

21. El cargo de adelantado fue funesto a quienes lo poseyeron. Dice Oviedo: «es un mal augurio en Indias tal honor e nombre», hasta el punto de hacer esta llamada al futuro: «cualquier hombre de entendimiento no procure tal título en estas partes» (*Historia,* II, pp. 370-371). En la época de Cabeza de Vaca la conquista era aún una empresa particular a la que la corona aportaba el privilegio de conquista y población, los títulos de gobierno y algunas ayudas de reclutamiento. El capital solía ser privado, así como la iniciativa y parte del provecho, de ahí la saña competitiva existente.

22. A él se debe el descubrimiento de las cataratas de Iguazú.

23. Oviedo, *Historia,* II, p. 371.

24. *Comentarios,* Madrid, BAE, 1946, cap. LXXXIV.

25. *La Florida,* p. 17.

26. Cfr. el estudio introductorio a *Los Naufragios,* Madrid, Editorial Castalia, 1992.

27. «*Los Naufragios* de Alvar Núñez Cabeza de Vaca: entre la crónica y la novela», *Segundas Jornadas de Andalucía y América,* II, 1982, Sevilla, 1984, pp. 331-364.

28. Walter Mignolo, «Texto y contexto discursivo: el problema de las crónicas indianas», en *Texto y contexto en la literatura hispanoamericana,* Madrid, 1980, pp. 223-233, y «Cartas, crónicas y relaciones del descubrimiento y la conquista», en *Historia de la literatura hispanoamericana,* I, Madrid, 1982.

29. En la expedición iba un escribano, Jerónimo de Alaniz, que difícilmente podría haber escrito una relación, ya que murió en la isla de Malhado.

30. La acción épica, de raíz grecolatina, incluía, como recurso necesario, aleccionantes mudanzas de la suerte favorable o adversa de los personajes, dirigidas a poner de manifiesto el temple del protagonista; en su intervención mediaban las divinidades. Al ser incompatibles con el cristianismo se vio la necesidad de armonizarla con la nueva seguridad religiosa. Bajo ese plano aparente (la fortuna o suerte) se esconde otro más profundo, el de la moral cristiana, de ahí que la fortuna se convierta en mero instrumento de una fuerza superior (Dios o la Divina Providencia). Bajo esa perspectiva sobrenatural presidida por Dios, a la fortuna no le corresponde más que una condición inferior, subordinada, poética o decorativa, como ocurre con otras abstracciones mitológicas que pululan en el Renacimiento, de forma desgajada.

31. E. Lewis, «Los *Naufragios* de Alvar Núñez: historia y ficción», *Revista Iberoamericana,* XLVIII (1982), p. 682.

32. Mignolo, *Texto y contexto,* p. 230.

33. Oviedo, *Historia,* pp. 287 y 315.

34. Sobre este texto cfr. mi artículo «Probemas textuales de los *Naufragios* de Alvar Núñez Cabeza de Vaca», *Historiografía y Bibliografía americanista,* XXX, 2, 1986, pp. 21 a 30, donde realizo una nueva lectura del documento del Archivo de Indias.

35. Así lo advertimos en Oviedo, libro 35 de su *Historia,* Gómara, primera parte, cap. XLVI de su *Historia general de las Indias,* 1552, y Garcilaso, *La Florida.* Este último se servirá extensamente del texto de Núñez para describir el terreno, mostrando su acuerdo o desacuerdo.

36. La edición zamorana está incluida en el tercer volumen. Existe edición facsimilar publicada en Amsterdam, 1967-70.

37. Fernando Aínsa, *Los buscadores de la utopía,* Caracas, 1977, p. 95.

38. Ibídem, p. 95.

39. Las comunidades indígenas que aparecen en el texto son las siguientes: calusas, timucuas, apalaches, pensacolas, carancaguas, cados, coahuiltecas, jumanos, conchos, pimas y opatas. Para mayor información cfr. «Sección introductoria» a *Naufragios,* Madrid, Castalia, 1992, pp. 59-63.

40. T. Todorov, *La conquête de l'Amérique (La question de l'autre),* París, 1982, p. 203.

41. Como en el caso relatado por Gómara, de Gonzalo Guerrero que asume completamente la identidad indígena.

42. Aínsa, ob. cit., p. 101.

43. E. Pupo-Walker, *La vocación literaria del pensamiento histórico en América,* Madrid, 1982, p. 35.

44. Según una leyenda europea, en el siglo VIII un obispo español, huyendo de la invasión árabe, fundó en la isla Antillia, del mar Tenebroso, siete soberbias ciudades. Entre los mexicanos existe la leyenda de las siete cuevas de las que, en tiempos remotos, habían salido los antepasados de los aztecas. Con la unión de ambas fábulas y el relato de Cabeza de Vaca deciden buscar en aquella dirección.

45. A. Gerbi, *La naturaleza de las Indias Nuevas*, México, 1978, p. 301. Cita como testimonio el cap. XIII de la obra de León Pinelo, *Epítome de la biblioteca oriental y occidental;* el *Naufragio e lastimoso sucesso da pardiçao de Manuel de Sousa de Sepúlveda*, Lisboa, 1594, y la obra de Bernardo Gomes de Brito, *Relaçao de naufragios*, posterior a 1580. Sobre el tema del naufragio cfr. mi estudio «De naufragios, naúfragos y supervivientes». *Vid.* Bibliografía final.

46. E. Pupo-Walker, *La vocación...*, p. 61.

47. J. Lafaye, *Los conquistadores*, p. 174.

48. Comenta Juan Gil («Alvar Núñez el chamán blanco», *Boletín de la Real Academia Española*, LXXIII, 1993) que llegó a aplicar a los cristianos los mismos y «particulares» remedios curativos que a los indios y así fue recogido en la relación que en 1538 Felipe de Hutten, gobernador de Venezuela por los Welser, escribió a sus amigos alemanes acerca de sus aventuras ultramarinas.

49. En la misma línea se muestra el padre Antonio Vázquez de Espinosa en su *Compendio y descripción de las Indias Occidentales*, Madrid, 1696.

50. J. Lafaye, ob. cit., p. 175.

51. La fama y evangelización junto al oro completan la tríada de móviles principales en la conquista americana, según señaló Leonard. El oro tiene una especial relevancia en este texto, pues es el mineral ansiado que guió la codicia de Narváez cuando decide entrar en tierra y encaminarse a Apalache «donde tanto mantenimiento y oro habían dicho que había» (cap. V).

52. P. L. Crovetto, «Introduzione» a *Naufragios*, Milán, 1984, p. 30.

53. Los títulos de los capítulos fueron añadidos a la edición de Valladolid.

54. Lewis, «Los *Naufragios*...», p. 688.

55. A. Rosemblat, *La primera visión de América y otros estudios*, Caracas, 1965, p. 46.

56. A. Yáñez, *El contenido social de la literatura iberoamericana*, Acapulco, 1967, p. 32.

57. J. L. Borges, «Sobre los clásicos», *Otras inquisiciones*, Madrid, 1979, p. 191.

58. En la portada de esta edición reza: *Naufragios / de Alvar Núñez / Cabeza de Baca, / y Comentarios / del mismo Núñez / Adelantado y go-*

bernador / de la provincia / del Río de la Plata / Scriptos por Pedro
Hernández/Scribano, y Secreta/rio de la provincia. / Impreso en Valladolid por Francisco Fernández, / de Córdoba, año de 1555.años.

59. Entre las ediciones españolas de carácter divulgativo se encuentran:
la de la Colección Austral, Madrid, Espasa Calpe, reimpresa varias
veces; la de la Colección Crisol, Madrid, Aguilar, 1958; la de Taurus,
Madrid, 1969, a cargo de Dionisio Ridruejo; la de Fontamara, Barcelona, 1982, realizada por Joan Estruch; la de Historia 16, Madrid,
1984, a cargo de F. Ferrando y con posterioridad a la primera edición
de ésta –Alianza Editorial–, la de Cátedra, Madrid, 1989, realizada
por Juan Francisco Maura.

Bibliografía

1. Libros

ÁLVAREZ MORALES, Miguel: *Cabeza de Vaca,* Barcelona, Alfha Internacional, 1974.

ANTHEIL, George: *Cabeza de Vaca,* Pennsylvania, Templeton Publishing Co., 1961.

BACA Y DELGADO, Edward C.: *Cabeza de Vaca,* Nueva York, Dwell Sloan and Pearce, 1944.

BELLOGIN GARCÍA, Åndrés: *Vida y hazañas de Alvar Núñez Cabeza de Vaca,* Madrid, Edit. Voluntad, 1928.

BISHOP, Morris: *The Odyssey of Cabeza de Vaca,* Nueva York, Century Co., 1933, 2.ª ed., Connecticut, 1971.

FERNÁNDEZ, José B.: *Alvar Núñez Cabeza de Vaca: the forgotten chronicler,* Miami, Ediciones Universal, 1975.

KERMAN, Gertrude Lerner: *Cabeza de Vaca defender of the indians,* Nueva York, Hatvey House, 1974.

LONG, Daniel: *The marvelous adventure of Cabeza de Vaca and Malinche,* Londres, Pan Books Ltd., 1983.

2. Artículos y estudios

ADORNO, Rolena: «La negociación del miedo en los *Naufragios* de Cabeza de Vaca», *Representaciones,* 33 (1991), pp. 163-199.

BARRERA, Trinidad: «Problemas textuales de los *Naufragios* de Alvar Núñez Cabeza de Vaca», *Historiografía y Bibliografía americanista,* XXX, 2 (1986), pp. 21-30.

— «De naufragios, náufragos y supervivencias», *As rotas Oceanicas (Sécs. XV-XVII),* Lisboa, Ediciones Colibrí, 1999, pp. 213-220.

BARRERA, Trinidad y MORA, Carmen de: «Los *Naufragios* de Alvar Núñez, entre la crónica y la novela», *II Jornadas de Andalucía y América,* Sevilla, Universidad de Santa María de La Rábida, 1983, pp. 331-364.

BARRIS MUÑOZ, Rafael: «En torno a Alvar Núñez Cabeza de Vaca», *Boletín del Real Centro de Estudios Históricos de Andalucía,* I, 42 (1927), pp. 42-48.

BOST, David H.: «The *Naufragios* of Alvar Núñez Cabeza de Vaca: a case of historical romance», *South Eastern Latinoamericanism,* XXVII (1983), pp. 3-12.

CHIPMAN, Donald E.: «In search of Cabeza de Vaca's route across Texas: an historiographical survery», *Southwestern Historical Quarterly,* 91, octubre (1987), pp. 127-148.

CROVETTO, Pier Luigi: «Introduzione» a *Naufragios,* Milán, Cisalpino-Goliardica, 1984.

DEWITT, Clinton: «Núñez Cabeza de Vaca», *The conquistador dog texts,* Nueva York, New Rivers Press, 1976.

GANDÍA, Enrique de: «Aventuras desconocidas de Alvar Núñez en Italia y en España», *De la Torre del Oro a las Indias,* Buenos Aires, Talleres Gráficos Argentinos L. J., Rosso, 1935.

GLANTZ, Margo (ed.): *Notas y comentarios sobre Alvar Núñez Cabeza de Vaca,* México, Grijalbo, 1993. Contiene la más importante recopilación de estudios sobre *Naufragios* hasta esa fecha.

GÓMEZ AGUIRRE, Carlos E.: «Introducción al estudio de la crónica de Alvar Núñez Cabeza de Vaca», *Repertorio Americano,* IV, 2 (1978), pp. 18-25.

GRIEGO Y BRAVÍO, Alicia: «Alvar Núñez Cabeza de Vaca: un jerezano en lo desconocido», *Cádiz/Iberoamérica,* 2 (1984), pp. 41-43.

LAFAYE, Jacques: «Les miracles d'Alvar Núñez Cabeza de Vaca, 1527-1536», *Bulletin Hispanique,* LXIV (1962), pp. 136-153, y en *Mesías, cruzadas, utopías: el judeocristianismo en las sociedades ibéricas,* México, FCE, 1984, pp. 65-84.

LAGMANOVICH, David: «Los *Naufragios* de Alvar Núñez como construcción narrativa», *Kentucky Romance Quarterly,* XXV (1978), pp. 22-37.

LASTRA, Pedro: «Espacios de Alvar Núñez: las transformaciones de una escritura», *Cuadernos Americanos,* CCIV, 3 (1984), pp. 150-163.

LEWIS, Robert E.: «Los *Naufragios* de Alvar Núñez: historia y ficción», *Revista Iberoamericana,* XLVIII, 120-121, julio-diciembre (1982), pp. 681-694.

MOLLOY, Silvia: «Formulación y lugar del "yo" en los *Naufragios* de Alvar Núñez Cabeza de Vaca», *Actas del VII Congreso de la Asociación Internacional de Hispanistas,* II (1980), pp. 761-766.

PASTOR, Beatriz: «Desmitificación y crítica en la relación de los *Naufragios*», *Discurso narrativo de la conquista de América,* La Habana, Casa de las Américas, 1983, pp. 294-337.

PRANZETTI, Luisa: «Il Naufragio como metafora a proposito delle relazioni di Cabeza de Vaca», *Letteratura d'América,* I, 1 (1980), pp. 5-29.

PUPO-WALKER, Enrique: «Los *Naufragios* de Alvar Núñez Cabeza de Vaca: notas sobre la relevancia antropológica del texto», *Revista de Indias,* XLVII, septiembre-diciembre, 181 (1987), pp. 755-776.

— «Notas para la caracterización de un texto seminal: los *Naufragios* de Alvar Núñez Cabeza de Vaca», *N. R. F. H.,* XXXVIII, 1 (1990), pp. 163-196.

— «Los *Naufragios* de Alvar Núñez Cabeza de Vaca y la narrativa hispanoamericana», *Quinto Centenario,* VI, 2, pp. 38-56.

— «Introducción» a *Naufragios,* Madrid, Castalia, 1992, pp. 9-175.

RABASA, Gregory: «Cabeza de Vaca, hombre del Renacimiento», *La Nueva Democracia,* XLII, 9 (1961), pp. 64-76.

SAUER, Carl O.: «The road to Cibola», *Serie Iberoamericana,* I, Berkeley, University of California Press (1932), pp. 1-58.

SOPRANIS, Hipólito Sancho de: «Datos para el estudio de Alvar Núñez Cabeza de Vaca», *Revista de Indias,* XXVII (1947), pp. 69-102.

— «Notas y documentos sobre Alvar Núñez Cabeza de Vaca», *Revista de Indias,* XCI-XCII (1963), pp. 207-241.

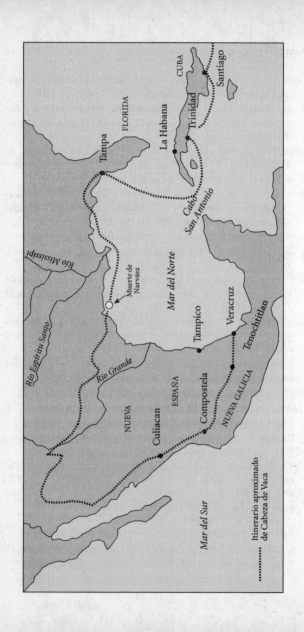

Naufragios

EL REY

Por cuanto por parte de vos, el Governador Alvar Núñez Cabeça de Vaca, vezino de la ciudad de Sevilla, nos hezistes relación diziendo que vos avíades compuesto un libro intitulado *Relación de lo que acaeció en las Indias,* en el armada de que vos ivades de Governador. Y que assimesmo avíades hecho componer otro intitulado *Comentarios,* que tratan de las condiciones de la tierra y costumbres de la gente della. Lo cual era obra muy provechosa para las personas que avían de passar aquellas partes. Y porque el un libro y el otro era todo una misma cosa y convenía que de los dos se hiziesse un volúmen, nos suplicastes os diéssemos licencia y facultad para que por diez o doze años los pudiéssedes imprimir y vender, atento el provecho y utilidad que dello se seguía, o como la nuestra merced fuesse. Lo cual, visto por los del nuestro Consejo, juntamente con los dichos libros, que de suso se haze mención, fue acordado que devíamos mandar dar esta nuestra cédula en la dicha razón, por la cual vos damos licencia y facultad para que por tiempo de diez años primeros siguientes, que se cuenten del día de la fecha desta nuestra cédula, en adelante, vos, o quien vuestro poder oviere, podáis imprimir y vender en estos nuestros reinos los dichos libros que de suso se haze mención, ambos en un volumen, siendo primeramente tassado el molde dellos por los del nuestro Consejo y poniéndose esta nuestra cédula con la dicha tassa al principio del dicho libro, y no en otra manera. Y mandamos que durante el dicho tiempo de los dichos diez años ninguna persona lo pueda imprimir, ni vender, sin tener el dicho vuestro poder, so pena que pierda la impressión que assí hiziere y vendiere y los moldes y aparejos con que lo hiziere, y mas incurra en pena de diez mil maravedíes, los cuales sean repartidos: la tercia parte para la persona que lo acusare, y la otra tercia parte para el juez que lo sentenciare, y la otra tercia parte para la nuestra Cámara. Y mandamos a todas y cualesquier nuestras justicias y a cada una en su jurisdición, que guarden, cumplan y executen esta dicha nuestra cédula y lo en ella contenido, y contra el tenor y forma della no vayan, ni passen, ni consientan ir ni passar por alguna manera, so pena de la nuestra merced y de diez mil maravedís para la nuestra Cámara a cada uno que lo contrario hiziere. Fecha en la villa de Valladolid a veinte y un días del mes de Março de mil y quinientos y cincuenta y cinco años.

La Princesa.–Por mandado de Su Magestad, Su Alteza, en su nombre.

Francisco de Ledesma

Prohemio

Sacra, cesárea, cathólica magestad

Entre cuantos príncipes sabemos aya avido en el mundo, ninguno pienso se podría hallar a quien con tan verdadera voluntad, con tan gran diligencia y desseo ayan procurado los hombres servir como vemos que a Vuestra Magestad hazen oy. Bien claro se podrá aquí conoscer que esto no será sin gran causa y razón, ni son tan ciegos los hombres que a ciegas y sin fundamento todos siguiessen este camino, pues vemos que no sólo los naturales a quien la fe y subjeción obliga a hazer esto, mas aún los estraños trabajan por hazerles ventaja. Mas ya que el desseo y voluntad de servir a todos en esto haga conformes, allende la ventaja que a cada uno puede hazer ay una muy gran differencia no causada por culpa dellos, sino solamente de la fortuna, o más cierto sin culpa de nadie, más por sola voluntad y juizio de Dios, donde nasce que uno salga con más señalados servicios que pensó, y a otro le suceda todo tan al revés, que no pueda mostrar de su propósito más testigo que a su diligencia, y aun ésta queda a las vezes tan encubierta que no puede volver por sí. De mí puedo dezir que en la jornada que por mandado de Vuestra Magestad hize de Tierra Firme, bien pensé que mis obras y servicios fueran tan claros y manifiestos como fueron los de mis antepassados, y que no tuviera yo necessidad de hablar para ser contado entre los que con entera fe y gran cuidado administran y tratan los cargos de Vuestra Magestad y les haze merced. Mas como ni mi consejo, ni diligencia, aprovecharon para que aquéllo a que eramos idos fuesse ganado conforme al servicio de Vuestra Magestad, y por nuestros peccados permitiesse Dios que de cuantas armadas a aquellas tierras han ido ninguna se viesse en tan grandes peligros, ni tuviesse tan miserable y desastrado fin, no me quedó lugar para hazer más servicio deste, que es traer a Vuestra Magestad relación de lo que en diez años que por muchas y muy estrañas tierras que anduve perdido y en cueros, pudiesse saber y ver, ansí en el sitio de las tierras y provincias y distancias dellas como en los mantenimientos y animales que en ellas se crían y las diversas costumbres de muchas y muy bárbaras naciones con quien conversé y viví, y todas las otras particularidades que pude alcançar y conoscer, que dello en alguna manera Vuestra Magestad será servido, porque aunque la esperança que de salir de entre ellos tuve siempre fue muy poca, el cuidado y diligencia siempre fue muy grande de tener particular memoria de todo, para que si en algun tiempo Dios nuestro Señor quisiesse traerme adonde agora estoy, pudiesse dar testigo de mi voluntad y servir a Vuestra Magestad. Como la relación dello es aviso, a mi parescer, no liviano, para los que en su nombre fueren a conquistar aquellas tierras y juntamente traerlos a conoscimiento de la verdadera fee y verdadero señor y servicio de Vuestra Magestad. Lo cual yo escreví con tanta certinidad que aunque en ella se lean algunas cosas muy nuevas y para algunos muy diffíciles de creer, pueden sin dubda creerlas, y creer por muy cierto que antes soy en todo más corto que largo, y bastará para esto averlo yo offrescido a Vuestra Magestad por tal. A la cual suplico la resciba en nombre de servicio, pues éste solo es el que un hombre que salió desnudo pudo sacar consigo.

Capítulo primero

En que cuenta cuándo partió el armada y los officiales y gente que en ella iba

A diez y siete días del mes de Junio de mil y quinientos y veinte y siete partió del puerto de Sant Lúcar de Barrameda el governador Pámphilo de Narváez[1], con poder y mandado de Vuestra Magestad para conquistar y governar las provincias que están desde el río de las Palmas[2] hasta el cabo de la Florida, las cuales son en tierra firme. Y la armada que llevava eran cinco navíos, en los cuales, poco más o menos, irían seiscientos hombres. Los officiales que llevava (porque dellos se ha de hazer mención) eran éstos que aquí se nombran: Cabeça de Vaca, por thesorero y por alguazil mayor; Alonso Enrríquez,

---

1. Nacido en Valladolid alrededor de 1470 y muerto en La Florida en 1528.
2. Río Bravo o Grande, límite oficial de La Florida. La zona comprendida entre ambos límites se sospechaba de menor extensión que la real.

contador; Alonso de Solís, por fator[3] de Vuestra Magestad, y por veedor[4], iva un fraile de la Orden de Sant Francisco, por comissario, que se llamava fray Juan Suárez, con otros cuatro frailes de la misma Orden; llegamos a la isla de Sancto Domingo, donde estuvimos casi cuarenta y cinco días proveyéndonos de algunas cosas necessarias, señaladamente de cavallos. Aquí nos faltaron de nuestra armada más de ciento y cuarenta hombres que se quisieron quedar allí por los partidos y promessas que los de la tierra les hizieron. De allí partimos y llegamos a Sanctiago, que es puerto en la isla de Cuba, donde en algunos días que estuvimos el governador se rehizo de gente, de armas y de cavallos. Suscedió allí que un gentil hombre que se llamava Vasco Porcalle[5], vezino de la villa de la Trinidad, que es en la misma isla, ofreció de dar al governador ciertos bastimentos que tenía en la Trinidad, que es cient leguas del dicho puerto de Sanctiago. El governador con toda la armada partió para allá, más llegados a un puerto que se dize Cabo de Sancta Cruz, que es mitad del camino, parescíole que era bien esperar allí y embiar un navío que truxesse aquellos bastimentos, y para esto mandó a un capitán Pantoja que fuesse allá con su navío, y que yo para mas seguridad fuesse con él, y él quedó con cuatro navíos, porque en la isla de Sancto Domingo avía comprado un otro navío. Llegados con estos dos navíos al puerto de la Trinidad, el capitán Pantoja fue con Vasco Porcalle a la villa, que es una legua de allí, para rescebir los bastimentos; yo

3. Oficial encargado de la recaudación de impuestos. Sobre las misiones que le corresponden da cumplida cuenta el inicio de la «Relación del viaje...» (Instrucciones para el factor de...), publicada en *Documentos inéditos...*, pp. 265 a 269. En dicho escrito se delimitan igualmente las diversas funciones del gobernador y el tesorero.
4. Inspector.
5. Vasco Porcalle fue un personaje importante en la colonización de Cuba. Participó posteriormente en la expedición de Hernando de Soto (1538), abandonándole en 1539 para volverse a Cuba.

quedé en la mar con los pilotos, los cuales nos dixeron que con la mayor presteza que pudiéssemos nos despachássemos de allí, porque aquél era un muy mal puerto, y se solían perder muchos navíos en él, y porque lo que allí nos suscedió fue cosa muy señalada me paresció que no sería fuera de propósito y fin con que yo quise escrevir este camino, contarla aquí. Otro día, de mañana, començó el tiempo a dar no buena señal, porque començó a llover y el mar iva arreziando tanto que aunque yo di licencia a la gente que saliesse a tierra, como ellos vieron el tiempo que hazía y que la villa estava de allí una legua, por no estar al agua y frío que hazía muchos se bolvieron al navío. En esto vino una Canoa de la villa, en que me traían una carta de un vezino de la villa rogándome que me fuesse allá, y que me darían los bastimentos que oviesse y necessarios fuessen, de lo cual yo me escusé diziendo que no podía dexar los navíos. A medio día bolvió la Canoa con otra carta, en que con mucha importunidad pedían lo mesmo y traían un cavallo en que fuesse; yo di la misma respuesta que primero avía dado, diziendo que no dexaría los navíos; mas los pilotos y la gente me rogaron mucho que fuesse, porque diesse priessa que los bastimentos se truxessen lo más presto que pudiesse ser porque nos partiéssemos luego de allí donde ellos estavan, con gran temor que los navíos se avían de perder si allí estuviessen mucho. Por esta razón yo determiné de ir a la villa, aunque primero que fuesse dexé proveído y mandado a los pilotos que si el Sur, con que allí suelen perderse muchas veces los navíos, ventasse y se viessen en mucho peligro, diessen con los navíos al través, y en parte que se salvasse la gente y los cavallos. Y con esto yo salí, aunque quise sacar algunos comigo por ir en mi compañía, los cuales no quisieron salir, diziendo que hazía mucha agua y frío, y la villa estava muy lexos; que otro día, que era domingo, saldrían con el ayuda de Dios a oir missa. A una hora después de yo salido, la mar començó a venir muy brava, y el Norte fue tan rezio, que ni los

bateles[6] osaron salir a tierra, ni pudieron dar en alguna manera con los navíos al través, por ser el viento por la proa,
de suerte que con muy gran trabajo, con dos tiempos contrarios y mucha agua que hazía estuvieron aquel día y el
domingo hasta la noche. A esta hora el agua y la tempestad
començó a crescer tanto que no menos tormenta avía en el
pueblo que en la mar, porque todas las casas e iglesias se ca-
yeron y era necessario que anduviéssemos siete o ocho
hombres abraçados unos con otros para podernos amparar
que el viento no nos llevasse; y andando entre los árboles[7]
no menos temor teníamos dellos que de las casas, porque
como ellos también caían no nos matassen debaxo. En esta
tempestad y peligro anduvimos toda la noche, sin hallar
parte ni lugar donde media hora pudiéssemos estar seguros. Andando en esto oímos toda la noche, especialmente
desde el medio della, mucho estruendo y grande ruido de
bozes y gran sonido de cascaveles[8] y de flautas y tambori-
nos, y otros instrumentos que duraron hasta la mañana
que la tormenta cessó. En estas partes nunca otra cosa tan
medrosa se vió; yo hize una provança[9] dello, cuyo testimonio embié a Vuestra Magestad. El lunes por la mañana
baxamos al puerto y no hallamos los navíos: vimos las bo-

6. Botes.
7. Con las iniciales E. V. (Edición de Valladolid) señalaremos las variantes. E. V. orboles.
8. E. V. cascaneles.
9. Certificación jurídica a la que extensamente alude Fernández de
Oviedo: «el cual dice que dende Xagua que es un puerto o ancón en la
isla de Cuba, a quince de hebrero de mill e quinientos e veinte y siete
años, había escripto a Su Majestad lo que hasta allí les había acaescido»
(*Historia general...*, p. 287). Aunque Daniela Carpani cree que se trata
con toda evidencia de la *Relación del viaje...*, publicada en los *Documentos inéditos...*, parece bastante improbable que así sea, ya que dicha
Relación es mucho más extensa en el tiempo de los acontecimientos
(aproximadamente abarca los dieciséis primeros capítulos de los *Naufragios*).

yas dellos en el agua, adonde conoscimos ser perdidos, y anduvimos por la costa por ver si hallaríamos alguna cosa dellos, y como ninguno hallássemos metímonos por los montes, y andando por ellos un cuarto de legua de agua hallamos la barquilla de un navío, puesta sobre unos árboles, y diez leguas de allí por la costa se hallaron dos personas de mi navío y ciertas tapas de caxas, y las personas tan desfiguradas de los golpes de las peñas, que no se podían conoscer; halláronse también una capa y una colcha hecha pedaços, y ninguna otra cosa paresció. Perdiéronse en los navíos sesenta personas y veinte cavallos. Los que avían salido a tierra el día que los navíos allí llegaron, que serían hasta treinta, quedaron de los que en ambos navíos avía. Assí estuvimos algunos días con mucho trabajo y necessidad, porque la provisión y mantenimientos que el pueblo tenía se perdieron, y algunos ganados; la tierra quedó tal que era gran lástima verla; caídos los árboles, quemados los montes, todos sin hojas ni yerva. Assí passamos hasta cinco días del mes de Noviembre[10], que llegó el governador con sus cuatro navíos, que también avían passado gran tormenta y también avían escapado por averse metido con tiempo en parte segura. La gente que en ellos traía y la que allí halló estavan tan atemorizados de lo passado, que temían mucho tornarse a embarcar en invierno, y rogaron al governador que lo passasse allí, y él, vista su voluntad y la de los vezinos, invernó allí. Diome a mí cargo de los navíos y de la gente para que me fuesse con ellos a invernar al puerto de Xagua[11], que es doze leguas de allí, donde estuve hasta veinte días del mes de Hebrero.

10. E. V. noniembre.
11. Jagua, en la bahía de Cienfuegos.

Capítulo segundo
Cómo el governador vino al puerto de Xagua, y truxo consigo a un piloto

En este tiempo llegó allí el governador con un vergantín que en la Trinidad compró, y traía consigo un piloto que se llamava Miruelo[12]; avíalo tomado porque dezía que sabía y avía estado en el río de las Palmas, y era muy buen piloto de toda la costa del norte. Dexava también comprado otro navío en la costa de la Avana, en el cual quedava por capitán Alvaro de la Cerda, con cuarenta hombres y doze de cavallo, y dos días después que llegó el governador se embarcó, y la gente que llevava eran cuatrocientos hombres y ochenta cavallos en cuatro navíos y un vergantín. El piloto que de nuevo avíamos tomado metió los navíos por los baxíos que dizen de Canarreo[13], de manera que otro día dimos en seco, y ansí estuvimos quinze días tocando muchas vezes las quillas de los navíos en seco, al cabo de los cuales una tormenta del Sur metió tanta agua en los baxíos que podimos salir, aunque no sin mucho peligro. Partidos de aquí y llegados a Guaniguanico, nos tomó otra tormenta que estuvimos a tiempo de perdernos. A cabo de Corrientes[14] tuvimos otra donde estuvimos tres días. Passados estos doblamos el cabo de Sant Antón y anduvimos con tiempo contrario hasta llegar a doze leguas de la Havana, y estando otro día para entrar en ella nos tomó un tiempo de Sur que

12. Pariente del citado Diego Miruelo (cfr. «Introducción») «y tan desdichado como él en su oficio, que nunca acertó a dar en la tierra que su tío había descubierto, por cuya relación tenía noticia de ella, y por esta causa lo avía llevado Pamphilo de Narváez consigo» (*La Florida*, I, p. 17).
13. En la costa oeste de Cuba, posiblemente entre Cuba y la isla de Pinos. Según Ferrando, se trataría de los cayos de San Felipe.
14. Al sudoeste de Cuba.

nos apartó de la tierra, y atravessamos por la costa de la Florida y llegamos a la tierra, martes, doze días del mes de Abril, y fuimos costeando la vía de la Florida, y jueves sancto surgimos en la misma costa en la boca de una baía[15], al cabo de la cual vimos ciertas casas y habitaciones de indios[16].

Capítulo tercero
Cómo llegamos a la Florida

En este mismo día salió el contador Alonso Enrríquez y se puso en una isla que está en la misma baía y llamó a los indios, los cuales vinieron y estuvieron con él buen pedaço de tiempo, y por vía de rescate le dieron pescado y algunos pedaços de carne de venado. Otro día siguiente, que era viernes sancto, el governador se desembarcó con la más gente que en los bateles que traía pudo sacar, y como llegamos a los buihíos[17] o casas que avíamos visto de los indios, hallámoslas desamparadas y solas, porque la gente se avía ido aquella noche en sus canoas. El uno de aquellos buihíos era muy grande, que cabrían en él más de trezientas personas; los otros eran más pequeños, y hallamos allí una sonaja de oro entre las redes. Otro día el governador levantó pendones por Vuestra Magestad y tomó la possessión de la tierra en su Real nombre y presentó sus provisiones[18] y fue obedescido por governador como Vuestra Magestad lo mandava. Ansi mismo presentamos nosotros las nuestras ante él,

---

15. Al sur de la bahía de Tampa. Quizá sea la bahía de Serasota, según C. Covey.
16. Indios timucua, según D. Carpani.
17. Buhíos o bohíos: cabañas de madera, ramas y cañas.
18. Despachos o mandamientos reales.

y él las obedesció como en ellas se contenía. Luego mandó
que toda la otra gente desembacarse, y los cavallos que
avían quedado, que no eran más de cuarenta y dos, porque los
demás con las grandes tormentas y mucho tiempo que avían
andado por la mar eran muertos, y estos pocos que quedaron estavan tan flacos y fatigados que por el presente poco
provecho podimos tener dellos. Otro día los indios de aquel
pueblo vinieron a nosotros, y aunque nos hablaron, como
nosotros no teníamos lengua[19], no los entendíamos; mas
hazíamos muchas señas y amenazas, y nos paresció que
nos dezían que nos fuéssemos de la tierra, y con esto nos
dexaron sin que nos hiziessen ningún impedimento, y ellos
se fueron.

CAPÍTULO CUARTO
Cómo entramos por la tierra

Otro día adelante, el governador acordó de entrar por la tierra, por descubrirla y ver lo que en ella avía. Fuímonos con él
el comissario y el veedor e yo, con cuarenta hombres, y entre
ellos seis de cavallo de los cuales poco nos podíamos aprovechar. Llevamos la vía del Norte hasta que a hora de vísperas
llegamos a una baía muy grande[20], que nos paresció que entrava mucho por la tierra; quedamos allí aquella noche y otro
día nos bolvimos donde los navíos y gente estavan. El governador mandó que el vergantín fuesse costeando la vía de la
Florida y buscasse el puerto que Miruelo el piloto avía dicho
que sabía, mas ya él lo avía errado y no sabía en qué parte estávamos, ni adónde era el puerto, y fuéle mandado al vergantín, que si no lo hallasse, travessasse a la Havana y buscasse el
navío que Alvaro de la Cerda tenía, y tomados algunos basti-

19. Intérpretes.
20. Debe ser la bahía de Tampa.

mentos nos viniessen a buscar. Partido el vergantín, tornamos a entrar en la tierra los mismos que primero, con alguna
gente más, y costeamos la baía que avíamos hallado, y andadas cuatro leguas tomamos cuatro indios y mostrámosle
maíz para ver si lo conoscían, porque hasta entonces no avíamos visto señal dél. Ellos nos dixeron que nos llevarían donde lo avía, y assí nos llevaron a su pueblo, que es al cabo de la
baía cerca de allí, y en él nos mostraron un poco de maíz que
aún no estava para cogerse. Allí hallamos muchas caxas de
mercaderes de Castilla y en cada una dellas estava un cuerpo
de hombre muerto y los cuerpos cubiertos con unos cueros
de venados, pintados. Al comissario le paresció que esto era
especie de idolatría y quemó las caxas con los cuerpos. Hallamos también pedaços de lienço y de paño y penachos que parescían de la Nueva España. Hallamos también muestras de
oro[21]. Por señas preguntamos a los indios de adonde avían
avido aquellas cosas. Señaláronnos que muy lexos de allí avía
una provincia que se dezía Apalache[22], en la cual avía mucho
oro, y hazían seña de aver muy gran cantidad de todo lo que
nosotros estimamos en algo. Dezían que en Apalache avía
mucho, y tomando aquellos indios por guía partimos de allí,
y andadas diez o doce leguas hallamos otro pueblo de quinze
casas, donde avía buen pedaço de maíz sembrado que ya estava para cogerse, y también hallamos alguno que estava ya
seco. Y después de dos días que allí estuvimos, nos bolvimos
donde el contador y la gente y navíos estavan, y contamos al

21. Fernández de Oviedo completa la información: «Asimismo se hallaron pedazos de zapatos e lienzo, e de paño e hierro alguno; e preguntados
los indios, dijeron por señas que lo habían hallado en un navío que se había perdido en aquella costa e bahía» (*Historia general...*, p. 288). Indudablemente se trata de rastros de algunas de las anteriores tentativas de exploración. F. W. Hodge opina que puede tratarse del naufragio de Lucas
Vázquez de Ayllón.
22. Situada al extremo noroeste de la península de Florida, de ella toma el
nombre la bahía y los montes.

contador y pilotos lo que avíamos visto y las nuevas que los
indios nos avían dado; y otro día, que fue primero de Mayo, el
governador llamó aparte al comissario y al contador y al veedor y a mí, y a un marinero que se llamava Bartolomé Fernández, y a un escrivano que se dezía Hierónimo de Alaniz, y
assí juntos nos dixo que tenía en voluntad de entrar por la tierra adentro, y los navíos se fuessen costeando hasta que lle-
gassen al puerto, y que los pilotos dezían y creían que yendo
la vía de Palmas estavan muy cerca de allí, y sobre esto nos
rogó le diéssemos nuestro parescer. Yo respondía que me parescía que por ninguna manera devía dexar los navíos sin que
primero quedassen en puerto seguro y poblado, y que mirasse
se que los pilotos no andavan ciertos, ni se affirmavan en una
misma cosa, ni savían a que parte estavan, y que allende desto los cavallos no estavan para que en ninguna necessidad
que se ofresciesse nos pudiessemos aprovechar dellos, y que
sobre todo esto ívamos mudos y sin lengua, por donde mal
nos podíamos entender con los indios, ni saber lo que de la
tierra queríamos, y que entrávamos por tierra de que ninguna relación teníamos, ni sabíamos de que suerte era, ni lo que
en ella avía, ni de que gente estava poblada, ni a que parte della estávamos, y que sobre todo esto no teníamos bastimentos
para entrar adonde no sabíamos. Porque visto lo que en los
navíos avía no se podía dar a cada hombre de ración para entrar por la tierra mas de una libra de vizcocho y otra de toci-
no, y que mi parescer era que se devía embarcar e ir a buscar
puerto y tierra que fuesse mejor para poblar, pues lo que avíamos visto en sí era tan despoblada y tan pobre cuanto nunca
en aquellas partes se avía hallado. Al comissario le paresció[23]
todo lo contrario, diziendo que no se avía de embarcar, sino
que yendo siempre hazia la costa fuessen en busca del puerto,
pues los pilotos dezían que no estaría sino diez o quince le-

---

23. E V. poresció.

guas de allí la vía de Pánuco[24], e que no era possible, yendo siempre a la costa, que no topássemos con él, porque dezían que entrava doze leguas adentro por la tierra, y que los primeros que lo hallassen esperassen allí a los otros, y que embarcarse era tentar a Dios, pues desque partimos de Castilla tantos trabajos avíamos passado; tantas tormentas, tantas pérdidas de navíos y de gente avíamos tenido hasta llegar allí; y que por estas razones el se devía de ir por luengo de costa hasta llegar al puerto, y que los otros navíos con la otra gente se irían la misma vía hasta llegar al mismo puerto. A todos los que allí estavan paresció bien que esto se hiziesse assí, salvo al escrivano, que dixo que primero que desamparasse los navíos los devía de dexar en puerto conoscido y seguro y en parte que fuesse poblada; que esto hecho podría entrar por la tierra adentro y hazer lo que le pareciesse. El governador siguió su parescer y lo que los otros le aconsejavan[25], yo, vista su determinación, requeríle de parte de Vuestra Magestad que no dexasse los navíos sin que quedassen en puerto y seguros, y ansí lo pedí por testimonio al escrivano que allí teníamos. El respondió que, pues él se conformava con el parescer de los más de los otros officiales y comissario, que yo no era parte para hazerle estos requerimientos, y pidió al escrivano le diesse por testimonio como por no aver en aquella tierra mantenimientos para poder poblar, ni puerto para los navíos, levantava el pueblo que allí avía assentado e iva con él en busca del puerto y de tierra que fuesse mejor. Y luego mandó apercibir la gente que avía de ir con él, que se proveyessen de lo que era menester para la jornada. Y después desto proveído, en presencia de los que allí estavan me dixo que, pues yo tanto estorvava y temía la entrada por la tierra, que me quedasse y tomas-

24. Más tarde llamado Támpico, en la desembocadura del río Pánuco (San Juan), en la costa central de México, entre los estados de Veracruz y Tamaulipas. Indudablemente se pone de manifiesto la desorientación del piloto.
25. E. V. consejaban.

se cargo de los navíos y la gente que en ellos quedava, y po-
blasse si yo llegasse primero que él. Yo me escusé desto. Y después de salidos de allí, aquella misma tarde, diziendo que no
le parescía que de nadie se podía fiar aquello, me embió a dezir que me rogava que tomasse cargo dello. Y viendo que im-
portunándome tanto, yo todavía me escusava, me preguntó
qué era la causa porque huía de aceptallo. A lo cual respondí
que yo huía de encargarme de aquéllo porque tenía por cierto y sabía que él no avía de ver más los navíos, ni los navíos a
él, y que ésto entendía viendo que tan sin aparejo se entravan
por la tierra adentro, y que yo quería más aventurarme al peligro que él y los otros se aventuravan, y passar por lo que él y
ellos passassen, que no encargarme de los navíos y dar ocasión que se dixesse que como avía contradicho la entrada me
quedava por temor, y mi honrra anduviesse en disputa, y que
yo quería más aventurar la vida que poner mi honrra en esta
condición. El, viendo que comigo no aprovechava, rogó a
otros muchos que me hablassen en ello y me lo rogassen, a los
cuales respondí lo mismo que a él, y ansí proveyó por su teniente, para que quedasse en los navíos, a un alcalde que
traía, que se llamava Caravallo.

Capítulo cinco
Cómo dexó los navíos el governador

Sabado, primero de mayo, el mismo día que esto avía passado
mandó dar a cada uno de los que avían de ir con él dos libras
de vizcocho y media libra de tozino, y ansí nos partimos para
entrar en la tierra[26]. La suma de toda la gente que llevávamos

---

26. Completado con las noticias de Fernández de Oviedo: «e otro día
partieron de allí llevando cuarenta de caballo e doscientos e sesenta hombres a pie» *(Historia general...,* p. 289).

eran trezientos hombres; en ellos iva el comissario fray Juan
Suárez y otro fraile que se dezía fray Juan de Palos y tres cléri-
gos y los officiales. La gente de cavallo que con éstos ívamos
eramos cuarenta de cavallo, y ansí anduvimos con aquel bas-
timento que llevávamos quinze días, sin hallar otra cosa que
comer, salvo palmitos[27] de la manera de los del Andaluzía. En
todo este tiempo no hallamos indio ninguno, ni vimos casa ni
poblado, y al cabo llegamos a un río[28] que lo passamos con
muy gran trabajo a nado y en balsas; detuvímonos un día en
passarlo, que traía muy gran corriente. Passados a la otra parte salieron a nosotros hasta dozientos indios, poco más o menos; el governador salió a ellos y, después de averlos hablado
por señas, ellos nos señalaron de suerte que nos ovimos de re-
bolver con ellos y prendimos cinco o seis, y éstos nos llevaron
a sus casas, que estavan hasta media legua de allí, en las cuales hallamos gran cantidad de maíz que estava ya para cogerse, y dimos infinitas gracias a Nuestro Señor por avernos so-
corrido en tan gran necessidad, porque ciertamente, como
eramos nuevos en los trabajos, allende del cansancio que
traíamos, veníamos muy fatigados de hambre; y a tercero día
que allí llegamos nos juntamos el contador y veedor y comissario e yo, y rogamos al governador que embíasse a buscar la
mar por ver si hallaríamos puerto, porque los indios dezían
que la mar no estava muy lexos de allí. El nos respondió que
no curássemos[29] de hablar en aquello, porque estava muy lexos de allí. Y como yo era el que más le importunava, díxome
que me fuesse yo a descubrirla y que buscasse puerto, y que
avía de ir a pie con cuarenta hombres, y ansí, otro día yo me
partí con el capitán Alonso del Castillo y con cuarenta hombres de su compañía, y assí anduvimos hasta hora de medio
día, que llegamos a unos placeles[30] de la mar que parescía que

27. Palmito de tierra firme, especie de *Sabal palmetto*.
28. El Suwannee, según C. Covey, o el Withalcoochee según F. W. Hodge.
29. Preocuparse.
30. Bancos de arena en el fondo del mar.

entravan mucho por la tierra; anduvimos por ellos hasta legua y media con el agua hasta la mitad de la pierna, pisando por encima de hostiones[31], de los cuales rescebimos muchas cuchilladas en los pies y nos fueron causa de mucho trabajo, hasta que llegamos en el río que primero avíamos atravesado[32], que entrava por aquel mismo ancón[33]. Y como no lo podimos passar por el mal aparejo que para ello teníamos, bolvimos al real[34] y contamos al governador lo que avíamos hallado y cómo era menester, otra vez, passar por el río, por el mismo lugar que primero lo avíamos passado, para que aquel ancón se descubriesse bien y viéssemos si por allí avía puerto; y otro día mandó a un capitán, que se llamava Valençuela, que con sesenta hombres y seis de cavallo passasse el río y fuesse por él abaxo hasta llegar a la mar y buscar si avía[35] puerto, el cual; después de dos días que allá estuvo, bolvió y dixo que él avía descubierto el ancón y que todo era baía baxa hasta la rodilla y que no se hallava puerto, y que avía visto cinco o seis canoas de indios que passavan de una parte a otra y que llevavan puestos muchos penachos. Sabido esto, otro día partimos de allí, yendo siempre en demanda de aquella provincia que los indios nos avían dicho Apalache, llevando por guía los que dellos avíamos tomado, y assí anduvimos hasta diez y siete de Junio, que no hallamos indios que nos osassen esperar. Y allí salió a nosotros un señor que le traía un indio acuestas, cubierto de un cuero de venado pintado; traía consigo mucha gente y delante dél venían tañendo unas flautas de caña, y assí llegó do estava el governador y estuvo una hora con él y por señas le dimos a entender que ívamos a Apalache, y por las que él hizo nos paresció que era enemigo de los de Apalache y que nos iría a ayudar contra él. Nosotros le dimos

31. Ostras más grandes y bastas que las ordinarias.
32. E. V. atranessado.
33. Ensenada pequeña.
34. Campamento militar.
35. E. V. anía.

cuentas y caxcaveles y otros rescates, y él dio al governador el cuero que traía cubierto, y assí se bolvió y nosotros le fuimos siguiendo por la vía que él iva. Aquella noche llegamos a un río[36], el cual era muy hondo y muy ancho y la corriente muy rezia, y por no atrevernos a passar con balsas hezimos una canoa para ello, y estuvimos en passarlo un día, y si los indios nos quisieran offender[37], bien nos pudieran estorvar el passo, y aún con ayudarnos ellos tuvimos mucho trabajo. Uno de cavallo, que se dezía Juan Velázquez, natural de Cuéllar, por no esperar entró en el río, y la corriente, como era rezia, lo derribó del cavallo y se asió a las riendas y ahogó a sí y al cavallo, y aquellos indios de aquel señor, que se llamava Dulchanchellin, hallaron el cavallo y nos dixeron donde hallaríamos a él por el río abaxo, y assí fueron por él, y su muerte nos dio mucha pena porque hasta entonces ninguno nos avía faltado. El cavallo dio de cenar a muchos aquella noche. Passados de allí, otro día llegamos al pueblo de aquel señor y allí nos embió maíz. Aquella noche, donde ivan a tomar agua nos flecharon un christiano, y quiso Dios que no lo hirieron; otro día nos partimos de allí sin que indio ninguno de los naturales paresciesse, porque todos avían huido; mas yendo nuestro camino parescieron indios, los cuales venían de guerra, y aunque nosotros los llamamos no quisieron bolver ni esperar, mas antes se retiraron siguiéndonos por el mismo camino que llevávamos. El governador dexó una celada de algunos de cavallo en el camino, que como passaron salieron a ellos y tomaron tres o cuatro indios, y estos llevamos por guías de allí adelante, los cuales nos llevaron por tierra muy trabajosa de andar y maravillosa de ver, porque en ella ay muy grandes montes y los árboles a maravilla altos, y son tantos los que están caídos en el suelo, que nos embaraçavan el camino de suerte que no podíamos passar sin rodear mucho y con muy

36. El Apalachicola, según C. Covey, o el Suwannee, según Hodge.
37. Atacar.

gran trabajo; de los que no estavan caídos, muchos estavan hendidos desde arriba hasta abaxo, de rayos que en aquella tierra caen, donde siempre ay muy grandes tormentas y tempestades. Con este trabajo caminamos hasta un día después de Sant Juan, que llegamos a vista de Apalache sin que los indios[38] de la tierra nos sintiessen; dimos muchas gracias a Dios por vernos tan cerca dél, creyendo que era verdad lo que de aquella tierra nos avían dicho, que allí se acabarían los grandes trabajos que avíamos passado, assí por el malo y largo camino para andar, como por la mucha hambre que avíamos padescido, porque aunque algunas vezes hallávamos maíz, las más andávamos siete e ocho leguas sin toparlo, y muchos avía entre nosotros que allende del mucho cansancio y hambre, llevavan hechas llagas en las espaldas, de llevar las armas acuestas, sin otras cosas que se ofrescían. Mas con vernos llegados donde desseávamos y donde tanto mantenimiento y oro nos avían dicho que avía, parescíonos que se nos avía quitado gran parte del trabajo y cansancio.

Capítulo seis
Cómo llegamos a Apalache

Llegados que fuemos a vista de Apalache, el governador mandó que yo tomasse nueve de cavallo y cincuenta peones y entrasse en el pueblo, y así lo acometimos el veedor e yo, y entrados no hallamos sino mugeres y muchachos, que los hombres, a la sazón, no estavan en el pueblo; mas de aí a poco, andando nosotros por él, acudieron y començaron a pelear flechándonos y mataron el cavallo del veedor, mas al fin huye-

38. Tribus de los muscogi, hoy día desaparecidos.

ron y nos dexaron. Allí hallamos mucha cantidad de maíz que estava ya para cogerse, y mucho seco que tenían encerrado. Hallámosles muchos cueros de venados, y entre ellos algunas mantas de hilo, pequeñas y no buenas, con que las mugeres cubren algo de sus personas. Tenían muchos vasos para moler maíz. En el pueblo avía cuarenta casas pequeñas y edificadas baxas y en lugares abrigados, por temor de las grandes tempestades que continuamente en aquella tierra suelen aver. El edificio es de paja y están cercados de muy espesso monte y grandes arboledas y muchos piélagos[39] de agua, donde ay tanto y tan grandes árboles caídos que embaraçan y son causa que no se puede por allí andar sin mucho trabajo y peligro.

Capítulo siete
De la manera que es la tierra

La tierra, por la mayor parte, desde donde desembarcamos hasta este pueblo y tierra de Apalache, es llana; el suelo de arena y tierra firme; por toda ella ay muy grandes árboles y montes claros, donde ay nogales y laureles y otros que se llaman liquidambares[40], cedros, savinas y enzinas y pinos y robles, palmitos baxos de la manera de los de Castilla. Por toda ella ay muchas lagunas grandes y pequeñas, algunas muy trabajosas de passar, parte por la mucha hondura, parte por tantos árboles como por ellas están caídos. El suelo dellas es arena, y las que en la comarca de Apalache hallamos son muy mayores que las de hasta allí. Ay en esta provincia muchos maizales, y las casas están tan esparzidas por el campo de la manera que están las de los Gelves[41]. Los animales que

39. Balsas o estanques.
40. De la familia de los amentáceos, su resina recibe dicho nombre.
41. Pueblo sevillano o alusión a la campaña tunecina de los Gelves.

en ellas vimos son venados de tres maneras, conejos y liebres, ossos y leones y otras salvaginas, entre los cuales vimos un animal[42] que trae los hijos en una bolsa que en la barriga tiene, y todo el tiempo que son pequeños los traen allí hasta que saben buscar de comer, y si acaso están fuera buscando de comer y acude gente, la madre no huye hasta que los ha recogido en su bolsa. Por allí la tierra es muy fría; tiene muy buenos pastos para ganados; ay aves de muchas maneras; ansares en gran cantidad, patos, ánades, patos reales, dorales y garçotas y garças, perdizes; vimos muchos halcones, neblís, gavilanes, esmerejones y otras muchas aves[43]. Dos oras después que llegamos a Palache, los indios que de allí avían huido vinieron a nosotros de paz, pidiéndonos a sus mugeres e hijos, y nosotros se los dimos, salvo que el governador detuvo un cacique dellos consigo, que fue causa por donde ellos fueron escandalizados, y luego otro día bolvieron de guerra y, con tanto denuedo y presteza nos acometieron, que llegaron a nos poner fuego a las casas en que estávamos; mas como salimos, huyeron y acogiéronse a las lagunas que tenían muy cerca, y por esto y por los grandes maizales que avía no les podimos hazer daño, salvo a uno que matamos. Otro día siguiente, otros indios de otro pueblo que estava de la otra parte vinieron a nosotros y acometiéronnos de la mesma arte que los primeros, y de la mesma manera se escaparon y también murió uno dellos. Estuvimos en este pueblo veinte y cinco días, en que hezimos tres entradas por la tierra, y hallámosla muy pobre de gente y muy mala de andar por los malos passos y montes y lagunas que tenía. Preguntamos al cacique que les avíamos detenido y a los otros indios que traíamos con nosotros, que

---

42. La zarigüeya, mamífero arborícola.
43. La descripción de la zona se asemeja más bien a un paraíso terrenal por la múltiple variedad de especies animales. Si era tan rica la tierra no se explica que pasaran tanta hambre. Por ello nos inclinamos a pensar que se trata de una descripción literaturizada.

eran vezinos y enemigos dellos, por la manera y población de la tierra y la calidad de la gente y por los bastimentos y todas las otras cosas della. Respondiéronnos cada uno por sí, que el mayor pueblo de toda aquella tierra era aquel Apalache, y que adelante avía menos gente y muy más pobre que ellos, y que la tierra era mal poblada y los moradores della muy repartidos, y que yendo adelante avía grandes lagunas y espesura de montes y grandes desiertos y despoblados. Preguntámosle luego por la tierra que estava hazia el Sur, ¿qué pueblos y mantenimientos tenía? Dixeron que por aquella vía, yendo a la mar, nueve jornadas, avía un pueblo que llamaban Aute[44], y los indios dél tenían mucho maíz y que tenían frísoles y calabaças, y que por estar tan cerca de la mar alcançavan pescado, y que estos eran amigos suyos. Nosotros, vista la pobreza de la tierra y las malas nuevas que de la población y de todo lo demás nos davan, y como los indios nos hazían continua guerra, hiriéndonos la gente y los cavallos, en los lugares donde ívamos a tomar agua, y esto desde las lagunas y tan a su salvo que no los podíamos ofender, porque metidos en ellas nos flechavan y mataron un señor de Tescuco que se llamava don Pedro, que el comissario llevava consigo, acordamos de partir de allí e ir a buscar la mar y aquel pueblo de Aute que nos avían dicho, y assí nos partimos a cabo de veinte y cinco días que allí avíamos llegado. El primer día passamos aquellas lagunas y passos sin ver indio ninguno; mas al segundo día llegamos a una laguna de muy mal passo, porque dava el agua a los pechos y avía en ella muchos árboles caídos. Ya que estávamos en medio della, nos acometieron muchos indios que estavan abscondidos detrás de los árboles porque no los viéssemos; otros estavan sobre los caídos, y començáronnos a flechar de manera que nos hirieron muchos hombres y cavallos y nos tomaron la guía que llevávamos, antes que de la laguna

44. En la desembocadura del río Apalachicola, opina C. Covey. Para Hodge sería vecino a San Marcos, en la bahía de Apalache.

saliésemos; y después de salidos della, nos tornaron a seguir queriéndonos estorvar el passo, de manera que no nos aprovechava salirnos afuera, ni hazernos más fuertes y querer pelear con ellos, que se metían luego en la laguna y desde allí nos herían la gente y cavallos. Visto esto, el governador mandó a los de cavallo que se apeassen y les acometiessen a pie. El contador se apeó con ellos, y assí los acometieron y todos entraron a bueltas en una laguna y assí les ganamos el passo. En esta rebuelta ovo algunos de los nuestros heridos, que no les valieron buenas armas que llevavan, y ovo hombres este día que juraron que avían visto dos robles, cada uno dellos tan gruesso como la pierna por baxo, passados de parte a parte de las flechas de los indios, y esto no es tanto de maravillar vista la fuerça y maña con que las echan, porque yo mismo vi una flecha en un pie de un álamo que entrava por él un xeme [45]. Cuantos indios vimos desde la Florida aquí, todos son flecheros, y como son tan crescidos de cuerpo y andan desnudos, desde lexos parescen gigantes. Es gente a maravilla bien dispuesta [46], muy enxutos y de muy grandes fuerças y ligereza. Los arcos que usan son gruessos como el braço, de onze o doze palmos de largo, que flechan a dozientos passos, con tan gran tiento que ninguna cosa yerran. Passados que fuimos deste passo, de aí a una legua llegamos a otra de la misma manera, salvo que por ser tan larga, que durava media legua, era muy peor; este passamos libremente y sin estorvo de indios, que, como avían gastado en el primero toda la munición que de flechas tenían, no quedó con que osarnos acometer. Otro día siguiente, passando otro semejante passo, yo hallé rastro de gente que iva adelante y di aviso dello al governador, que venía en la retaguardia, y ansí, aunque los indios salieron a nosotros, como ívamos apercebidos no nos pudieron offender, y salidos a lo llano fuéronnos todavía siguiendo; bolvi-

45. Distancia entre el pulgar y el índice.
46. Se trata de los seminolas.

mos a ellos por dos partes y matámosles dos indios e hiriéronme a mí y dos o tres christianos, y por acogérsenos al monte no les podimos hazer más mal ni daño. Desta suerte caminamos ocho días y desde este passo que he contado no salieron más indios a nosotros, hasta una legua adelante, que es lugar donde he dicho que ívamos. Allí, yendo nosotros por nuestro camino, salieron indios y sin ser sentidos dieron en la retaguardia, y a los gritos que dio un muchacho de un hidalgo de los que allí ivan, que se llamava Avellaneda, el Avellaneda bolvió y fue a socorrerlos, y los indios le acertaron con una flecha por el canto de las coraças, y fue tal la herida que pasó casi toda la flecha por el pescueço y luego allí murió, y lo llevamos hasta Aute. En nueve días de camino desde Apalache hasta allí, llegamos, y cuando fuimos llegados hallamos toda la gente dél, ida, y las casas quemadas, y mucho maíz y calabaças y frísoles que ya todo estava para empeçarse a coger. Descansamos allí dos días, y, estos passados, el governador me rogó que fuesse a descubrir la mar, pues los indios dezían que estava tan cerca de allí; ya en este camino la avíamos descubierto por un río muy grande que en él hallamos, a quien avíamos puesto por nombre el río de la Magdalena[47]. Visto esto, otro día siguiente yo me partí a descubrirla, juntamente con el comissario y el capitán Castillo y Andrés Dorantes y otros siete de cavallo y cincuenta peones, y caminamos hasta hora de vísperas que llegamos a un ancón o entrada de la mar, donde hallamos muchos hostiones con que la gente holgó y dimos muchas gracias a Dios por avernos traído allí. Otro día, de mañana, embié veinte hombres a que conosciessen la costa y mirassen la disposición della, los cuales bolvieron otro día en la noche, diziendo que aquellos ancones y baías eran muy grandes y entravan tanto por la tierra adentro que estorvavan mucho para descubrir lo que queríamos, y que la costa estava muy lexos de allí. Sabidas estas nuevas y vista

47. Posiblemente el Apalachicola (Covey) o el San Marcos (Hodge).

la mala dispusición y aparejo que para descubrir la costa por allí avía, yo me bolví al governador, y cuando llegamos hallámosle enfermo con otros muchos, y la noche passada los indios avían dado en ellos y puéstoles en grandíssimo trabajo por la razón de la enfermedad que les avía sobrevenido; también les avían muerto un cavallo. Yo dí cuenta de lo que avía hecho y de la mala dispusición de la tierra. Aquel día nos detuvimos allí.

Capítulo ocho
Cómo partimos de Aute

Otro día siguiente, partimos de Aute y caminamos todo el día hasta llegar donde yo avía estado. Fue el camino en extremo trabajoso, porque ni los cavallos bastavan a llevar los enfermos, ni sabíamos que remedio poner, porque cada día adolescían, que fue cosa de muy gran lástima y dolor ver la necessidad y trabajo en que estávamos. Llegados que fuimos, visto el poco remedio que para ir adelante avía, porque no avía donde, ni aunque lo oviera la gente pudiera passar adelante, por estar los más enfermos, y tales que pocos avía de quien se pudiesse aver algún provecho. Dexo aquí de contar esto más largo, porque cada uno puede pensar lo que se passaría en tierra tan estraña y tan mala y tan sin ningún remedio de ninguna cosa, ni para estar, ni para salir della; más, como el más cierto remedio sea Dios nuestro Señor, y deste nunca desconfíamos, suscedió otra cosa que agravava más que todo esto, que entre la gente de cavallo se començó la mayor parte dellos a ir secretamente, pensando hallar ellos por sí remedio y desamparar al governador y a los enfermos, los cuales estavan sin algunas fuerças y poder. Mas, como entre ellos avía muchos hijosdalgo y hombres de buena suerte, no quisieron que esto passasse sin dar parte al governador y a los officiales de Vuestra Magestad, y como les afeamos su propósito y les pusimos delante el tiempo en que desamparavan a su capitán, y los que estavan enfermos y sin poder, y apartarse, sobre todo, del servicio de Vuestra Magestad, acordaron de quedar y que lo que fuesse de uno fuesse de todos, sin que ninguno desamparasse a otro. Visto esto por el gobernador, los llamó a todos y a cada uno por sí, pidiendo parescer de tan mala tierra, para poder salir della y buscar algún remedio, pues allí no lo avía, estando la tercia parte de la gente con gran enfermedad y cresciendo esto cada hora, que teníamos por cierto todos lo estaríamos assí, de donde no se podía seguir sino la muerte, que por ser en tal parte se nos hazía más grave; y vistos éstos y otros muchos inconvenientes, y tentados muchos remedios, acordamos en uno, harto difícil, de poner en obra, que era hazer navíos en que nos fuéssemos. A todos parescía imposible, porque nosotros no los sabíamos hazer, ni avía herramientas, ni hierro, ni fragua, ni estopa, ni pez, ni xarcias; finalmente, ni cosa ninguna de tantas como son menester, ni quien supiesse nada para dar industria en ello, y sobre todo no aver que comer entre tanto que se hiziessen, y los que avían de trabajar, del arte que avíamos dicho. Y considerando todo esto acordamos de pensar en ello más de espacio, y cesó la plática aquel día y cada uno se fue encomendándolo a Dios nuestro Señor que lo encaminase por donde él fuesse más servido. Otro día quiso Dios que uno de la compañía vino diziendo que él haría unos cañones de palo, y con unos cueros de venado se harían unos fuelles, y como estávamos en tiempo que cualquiera cosa que tuviesse alguna sobrehaz de remedio nos parescía bien, diximos que se pusiesse por obra, y acordamos de hazer de los estribos y espuelas y ballestas y de las otras cosas de hierro que avía, los clavos y sierras y hachas y otras herramientas de que tanta necessidad avía para ello, y dimos por remedio que para aver algún mantenimiento en el tiempo que esto se hiziesse, se hiziessen cuatro entradas en Aute con todos los cavallos y gente que pudiessen ir, y que a tercero día se matasse un caballo, el cual se repartiesse entre

los que trabajavan en la obra de las varcas y los que estavan
enfermos; las entradas se hizieron con la gente y cavallos que
fue possible, y en ellas se traxeron hasta cuatrocientas hane-
gas de maíz, aunque no sin contiendas y pendencias con los
indios. Hezimos coger muchos palmitos para aprovecharnos
de la lana y cobertura dellos, torciéndola y aderesçándola
para usar en lugar de estopa para las varcas, las cuales se començaron a hazer con un solo carpintero que en la compañía
avía, y tanta diligencia pusimos, que començándolas a cuatro
días de Agosto, a veinte días del mes de Setiembre eran acabadas cinco varcas de a veinte y dos codos cada una, calafe-
teadas con las estopas de los palmitos, y breámoslas con cierta pez de alquitrán que hizo un griego llamado don Theodoro, de unos pinos, y de la misma ropa de los palmitos y de las
colas y crines de los caballos hezimos cuerdas y xarcias, y de
las nuestras camisas, velas, y de las sabinas que allí avía hezimos los remos que nos paresció que era menester. Y tal era
la tierra en que nuestros peccados nos avían puesto, que con
muy gran trabajo podíamos hallar piedras para lastre y an-
cles de las varcas, ni en toda ella avíamos visto ninguna.
Dessollamos también las piernas de los cavallos, enteras, y
curtimos los cueros dellas para hazer botas en que llevásse-
mos agua. En este tiempo algunos andavan cogiendo maris-
co por los rincones y entradas de la mar, en que los indios,
en dos vezes que dieron en ellos, nos mataron diez hombres
a vista del real, sin que los pudiéssemos socorrer, los cuales
hallamos de parte a parte passados con flechas, que aunque
algunos tenían buenas armas no bastaron a resistir para que
esto no se hiziesse, por flechar con tanta destreza y fuerça
como arriba he dicho. Y a dicho y juramento de nuestros pilotos, desde la baía que pusimos nombre de la Cruz[48], hasta
aquí, anduvimos dozientas y ochenta leguas, poco más o

48. Bahía de Mobile.

menos; en toda esta tierra no vimos sierra, ni tuvimos noticia della en ninguna manera; y antes que nos embarcássemos, sin los que los indios nos mataron se murieron más de cuarenta hombres de enfermedad y hambre. A veinte y dos días del mes de Setiembre se acabaron de comer los cavallos, que sólo uno quedó, y este día nos embarcamos por esta orden. Que en la varca del Governador ivan cuarenta y nueve hombres. En otra, que dio al Contador y Comissario, ivan otros tantos. La tercera dio al capitán Alonso del Castillo y Andrés Dorantes, con cuarenta y ocho hombres, y otra dio a dos capitanes que se llamavan Téllez y Peñalosa, con cuarenta y siete hombres. La otra dio al veedor y a mí, con cuarenta y nueve hombres; y después de embarcados los bastimentos y ropa no quedó a las varcas más de un xeme de bordo fuera del agua, y allende desto ívamos tan apretados que no nos podíamos menear, y tanto puede la necessidad que nos hizo aventurar a ir desta manera y meternos en una mar tan trabajosa y sin tener noticia de la arte del marear ninguno de los que allí ivan.

CAPÍTULO NUEVE
Cómo partimos de baía de Cavallos

Aquella baía de donde partimos ha por nombre la baía de Cavallos[49], y anduvimos[50] siete días por aquellos ancones, entrados en el agua hasta la cinta, sin señal de ver ninguna cosa de costa, y al cabo dellos llegamos a una isla[51] que estava cerca de la tierra. Mi varca iva delante, y della vimos venir cinco canoas de indios, los cuales las desampararon y nos las dexaron

49. Bahía de San Marcos (Hodge) o bahía de Apalachicola (C. Covey).
50. E. V. andunimos.
51. Según Covey, San Vicente.

en las manos, viendo que ívamos a ellas; las otras varcas passaron adelante y dieron en unas casas de la misma isla, donde
hallamos muchas liças y huevos dellas, que estavan secas, que
fue muy gran remedio para la necessidad que llevávamos.
Después de tomadas passamos adelante y dos leguas de allí
passamos un estrecho que la isla con la tierra hazía, al cual llamamos de Sant Miguel por aver salido en su día por él, y salidos llegamos a la costa, donde con las cinco canoas que yo
avía tomado a los indios remediamos algo de las varcas, haziendo falcas dellas y añadiéndolas de manera que subieron
dos palmos de bordo sobre el agua. Y con esto tornamos a caminar por luengo de costa la vía del río de Palmas, cresciendo
cada día la sed y la hambre, porque los bastimentos eran muy
pocos e ivan muy al cabo, y el agua se nos acabó porque las
botas que hezimos de las piernas de los cavallos luego fueron
podridas y sin ningún provecho; algunas vezes entramos por
ancones y baías que entravan mucho por la tierra adentro; todas las hallamos baxas y peligrosas. Y ansí anduvimos por
ellas treinta días, donde algunas vezes hallávamos indios pes-
cadores, gente pobre y miserable. Al cabo ya destos treinta
días, que la necessidad del agua era en extremo, yendo cerca
de costa, una noche sentimos venir una canoa, y como la vimos, esperamos que llegasse, y ella no quiso hazer cara, y
aunque la llamamos no quiso bolver, ni aguardarnos, y por
ser de noche no la seguimos y fuímonos nuestra vía; cuando
amanesció vimos una isla pequeña y fuimos a ella por ver si
hallaríamos agua, mas nuestro trabajo fue embalde, porque
no la avía. Estando allí surtos nos tomó una tormenta muy
grande, por que nos detuvimos seis días sin que osássemos
salir a la mar, y como avía cinco días que no bevíamos, la sed
fue tanta que nos puso en necessidad de bever agua salada, y
algunos se desatentaron tanto en ello que súpitamente se nos
murieron cinco hombres. Cuento esto assí brevemente porque no creo que ay necessidad de particularmente contar las
miserias y trabajos en que nos vimos, pues considerando el

lugar donde estávamos y la poca esperança de remedio que teníamos, cada uno puede pensar mucho de lo que allí passaría, y como vimos que la sed crescía y el agua nos matava, aunque la tormenta no era cessada, acordamos de encomendarnos a Dios nuestro señor y aventurarnos antes al peligro de la mar, que esperar la certinidad de la muerte que la sed nos dava, y assí salimos la vía donde avíamos visto la canoa la noche que por allí veníamos. Y en este día nos vimos muchas vezes anegados y tan perdidos, que ninguno ovo que no tuviesse por cierta la muerte. Plugo a Nuestro Señor, que en las mayores necessidades suele mostrar su favor, que a puesta del sol bolvimos una punta que la tierra haze[52], adonde hallamos mucha bonança y abrigo. Salieron a nosotros muchas canoas y los indios[53] que en ellas venían nos hablaron y, sin querernos aguardar, se bolvieron. Era gente grande y bien dispuesta y no traían flechas, ni arcos. Nosotros les fuimos siguiendo hasta sus casas, que estavan cerca de allí a la lengua del agua, y saltamos en tierra y delante de las casas hallamos muchos cántaros de agua y mucha cantidad de pescado guisado, y el señor de aquellas tierras ofresció todo aquello al governador, y tomándolo consigo lo llevó a su casa. Las casas destos eran de esteras, que a lo que paresció eran estantes; y después que entramos en casa del cacique nos dio mucho pescado, y nosotros le dimos del maíz que traíamos y lo comieron en nuestra presencia y nos pidieron más y se lo dimos, y el governador le dio muchos rescates; el cual, estando con el cacique en su casa, a mediahora de la noche, súpitamente los indios dieron en nosotros y en los que estavan muy malos, echados en la costa, y acometieron también la casa del cacique donde el governador estava y lo hirieron de una piedra en el rostro. Los que allí se hallaron prendieron al cacique, mas como los suyos estavan tan cerca, soltóseles y dexoles en las manos una man-

52. Cerca de Pensacola.
53. Indios chewasha, pertenecientes al pueblo tunica (Ferrando).

ta de martas zebelinas, que son las mejores que creo yo que en el mundo se podrían hallar, y tienen un olor que no paresce sino de ámbar y almizcle, y alcançan tan lexos, que de mucha cantidad se siente; otras vimos allí, mas ningunas eran tales como éstas. Los que allí se hallaron, viendo al governador herido, lo metimos en la varca e hezimos que con él se recogiesse toda la más gente a sus varcas, y quedamos hasta cincuenta en tierra para contra los indios, que nos acometieron tres vezes aquella noche y con tanto ímpetu que cada vez nos hazían retraer más de un tiro de piedra; ninguno ovo de nosotros que no quedasse herido, e yo lo fui en la cara[54], y si como se hallaron pocas flechas, estuvieran más proveidos dellas, sin dubda nos hizieran mucho daño. La última vez se pusieron en celada los capitanes Dorantes y Peñalosa y Téllez con quinze hombres, y dieron en ellos por las espaldas y, de tal manera les hizieron huir, que nos dexaron. Otro día, de mañana, yo les rompí más de treinta canoas, que nos aprovecharon[55] para un norte que hazía, que por todo el día ovimos de estar allí con mucho frío, sin osar entrar en la mar por la mucha tormenta que en ella avía. Esto passado, nos tornamos a embarcar y navegamos tres días, y como avíamos tomado poca agua y los vasos que teníamos para llevar, assimesmo eran muy pocos, tornamos a caer en la primera necessidad, y siguiendo nuestra vía entramos por un estero[56], y estando en él vimos venir una canoa de indios; como los llamamos, vinieron a nosotros, y el governador, a cuya varca avían llegado, pidioles agua, y ellos la ofrescieron con que les diessen en que la traxessen, y un christiano griego llamado Dorotheo Theodoro, de quien arriba se hizo mención, dixo que quería ir con ellos; el governador y otros se lo procuraron estorvar mucho y nunca lo pudieron, sino que en todo caso quería ir

54. Fernández de Oviedo dice que fueron heridos los tres.
55. E. V. a aprovecharon.
56. Bahía Mobile, terreno inmediato a la orilla de una ría.

con ellos, y assí se fue y llevó consigo un negro, y los indios dexaron en rehenes dos de su compañía, y a la noche los indios bolvieron y traxéronnos nuestros vasos sin agua, y no traxeron los christianos que avían llevado, y los que avían dexado por rehenes, como los otros los hablaron quisiéronse echar al agua. Mas los que en la varca estavan los detuvieron, y ansí se fueron huyendo los indios de la canoa y nos dexaron muy confusos y tristes por aver perdido aquellos dos christianos.

Capítulo diez
De la refriega que nos dieron los indios

Venida la mañana, vinieron a nosotros muchas canoas de indios, pidiéndonos los dos compañeros que en la varca avían quedado por rehenes. El governador dixo que se los daría con que traxessen los dos christianos que avían llevado. Con esta gente venían cinco o seis señores y nos paresció ser la gente más bien dispuesta y de más autoridad y concierto que hasta allí avíamos visto, aunque no tan grandes como los otros de quien avemos contado. Traían los cabellos sueltos y muy largos, y cubiertos con mantas de martas de la suerte de las que atrás avíamos tomado, y algunas dellas hechas por muy estraña manera, porque en ellas avía unos lazos de labores de unas pieles leonadas que parescían muy bien. Rogávannos que nos fuéssemos con ellos y que nos darían los christianos y agua y otras muchas cosas, y contino acudían sobre nosotros muchas canoas procurando de tomar la boca de aquella entrada, y assí por esto como porque la tierra era muy peligroso para estar en ella, nos salimos a la mar donde estuvimos hasta medio día con ellos. Y como no nos quisiessen dar los christianos, y por este respecto nosotros no les diéssemos los indios, començáronnos a tirar piedras con hondas, y varas,

con muestras de flecharnos, aunque en todos ellos no vimos
sino tres o cuatro arcos. Estando en esta contienda, el viento
refrescó y ellos se bolvieron y nos dexaron, y assí navegamos
aquel día hasta hora de vísperas, que mi varca, que iva delante, descubrió una punta que la tierra hazía, y del otro cabo se
vía un río muy grande[57] y en una isleta que hazía la punta hize
yo surgir por esperar las otras varcas. El governador[58] no quiso llegar, antes se metió por una baía muy cerca de allí en que
avía muchas isletas, y allí nos juntamos y desde la mar tomamos agua dulce, porque el río entrava en la mar de avenida. Y
por tostar algún maíz de lo que traíamos porque ya avía dos
días que lo comíamos crudo, saltamos en aquella isla; mas
como no hallamos leña acordamos de ir al río que estava detrás de la punta, una legua de allí, e yendo era tanta la corriente que no nos dexava en ninguna manera llegar, antes nos
apartava de la tierra, y nosotros trabajando y porfiando por
tomarla. El Norte que venía de la tierra começó a crescer
tanto que nos metió en la mar sin que nosotros pudiéssemos
hazer otra cosa, y a media legua que fuimos metidos en ella,
fondamos y hallamos que con treinta braças no podimos tomar hondo, y no podíamos entender si la corriente era causa
que no lo pudiéssemos tomar, y assí navegamos dos días, todavía trabajando por tomar tierra, y al cabo dellos, un poco
antes que el sol saliesse, vimos muchos humeros por la costa
y trabajando por llegar allá nos hallamos en tres braças de
agua, y, por ser de noche, no osamos tomar tierra, porque
como avíamos visto tantos humeros, creíamos que se nos podía recrescer algún peligro, sin nosotros poder ver, por la mucha obscuridad, lo que avíamos de hazer. Y por esto determinamos de esperar a la mañana, y como amanesció, cada varca se halló por sí perdida de las otras. Yo me hallé en treinta
braças, y siguiendo mi viage, a hora de vísperas vi dos varcas,

57. El Mississippi.
58. E. V. gonernador.

y como fui a ellas vi que la primera a que llegué era la del governador, el cual que preguntó que qué me parescía que devíamos hazer. Yo le dixe que devía recobrar aquella varca que
iva delante y que en ninguna manera la dexasse, y que juntas
todas tres varcas siguiéssemos nuestro camino donde Dios
nos quisiesse llevar. Él me respondió que aquello no se podía
hazer porque la varca iva muy metida en la mar y el quería tomar la tierra, y que si la quería yo seguir, que hiziesse que los
de mi varca tomassen los remos y trabajassen, porque con
fuerça de braços se avía de tomar la tierra; y esto le aconseja-
va un capitán que consigo llevava, que se llamava Pantoja, di-
ziéndole que si aquel día no tomava la tierra, que en otros seis
no la tomaría, y en este tiempo era necessario morir de hambre. Yo, vista su voluntad, tomé mi remo, y lo mismo hizieron
todos los que en mi varca estavan para ello, y bogamos hasta
casi puesto el sol, mas como el governador llevava la más sana
y rezia gente que entre toda avía, en ninguna manera lo podimos seguir, ni tener con ella. Yo, como vi esto, pedile que para
poderle seguir me diesse un cabo de su varca, y él me respondió que no harían ellos poco si solos aquella noche pudiessen
llegar a tierra. Yo le dixe que, pues vía la poca possibilidad que
en nosotros avía para poder seguirle y hazer lo que avía mandado, que me dixesse que era lo que mandava que yo hiziesse.
Él me respondió que ya no era tiempo de mandar unos a
otros; que cada uno hiziesse lo que mejor les paresciesse que
era para salvar la vida, que el ansí lo entendía de hazer. Y diciendo esto, se alargó con su varca y, como no le pude seguir,
arribé sobre la otra varca que iva metida en la mar, la cual me
esperó y, llegado a ella, hallé que era la que llevavan los capitanes Peñalosa y Téllez. Y ansí navegamos cuatro días en
compañía, comiendo por tasa cada día medio puño de maíz
crudo. A cabo destos cuatro días nos tomó una tormenta que
hizo perder la otra varca, y por gran misericordia que Dios
tuvo de nosotros no nos hundimos del todo, según el tiempo
hazía, y con ser invierno y el frío muy grande y tantos días

que padescíamos hambre, con los golpes que de la mar avíamos rescebido, otro día, la gente començó mucho a desmayar, de tal manera que, cuando el sol se puso, todos los que en mi varca venían estavan caídos en ella, unos sobre otros, tan cerca de la muerte que pocos avía que tuviessen sentido, y entre todos ellos a esta hora no avía cinco hombres en pie. Y cuando vino la noche, no quedamos sino el maestre e yo que pudiéssemos marear la varca, y a dos horas de la noche, el maestre me dixo que yo tuviesse cargo della, porque él estava tal que creía aquella noche morir. Y assí yo tomé el leme[59] y passada media noche yo llegué por ver si era muerto el maestre, y él me respondió que él antes estava mejor y que él governaría hasta el día. Yo, cierto, aquella hora de muy mejor voluntad tomara la muerte que no ver tanta gente delante de mí de tal manera. Y después que el maestre tomó cargo de la varca, yo reposé un poco muy sin reposo, ni avía cosa más lexos de mí entonces que el sueño. Ya cerca del alva paresciôme que oía el tumbo de la mar, porque como la costa era baxa sonava mucho, y con este sobresalto llamé al maestre, el cual me respondió que creía que eramos cerca de tierra, y tentamos y hallámonos en siete braças, y paresciole que nos devíamos tener a la mar hasta que amanesciesse. Y assí yo tomé un remo y bogué de la vanda de la tierra, que nos hallamos una legua della, y dimos la popa a la mar. Y, cerca de tierra, nos tomó una ola que echó la varca fuera del agua un juego de herradura, y con el gran golpe que dio, casi toda la gente que en ella estava como muerta, tornó en sí. Y como se vieron cerca de la tierra se començaron a descolgar y con manos y pies andando, y como salieron a tierra a unos barrancos, hezimos lumbre y tostamos del maíz que traíamos y hallamos agua de la que havía llovido, y con el calor del fuego la gente tornó en sí y començaron algo a esforçarse. El día que aquí llegamos era sexto del mes de Noviembre.

59. Timón.

CAPÍTULO ONZE
De lo que acaesció a Lope de Oviedo con unos indios

Desque la gente ovo comido, mandé a Lope de Oviedo, que
tenía más fuerça y estava más rezio que todos, se llegasse a
unos árboles que cerca de allí estavan, y, subido en uno dellos, descubriesse la tierra en que estávamos y procurasse de
aver alguna noticia della. Él lo hizo assí y entendió que estávamos en isla[60] y vio que la tierra estava cavada a la manera
que suele estar tierra donde anda ganado, y parescióle por
ésto que devía ser tierra de christianos y ansí nos lo dixo. Yo
le mandé que la tornasse a mirar muy más particularmente
y viesse si en ella avía algunos caminos que fuessen seguidos, y esto sin alargarse mucho, por el peligro que podía
aver. Él fue, y topando con una vereda, se fue por ella adelante hasta espacio de media legua, y halló unas choças de
unos indios que estavan solas, porque los indios eran idos al
campo, y tomó una olla dellos y un perrillo pequeño y unas
pocas de liças, y assí se bolvió a nosotros. Y, paresciéndonos
que se tardava, embié otros dos christianos para que les
buscassen y viessen qué le avía suscedido, y ellos le toparon
cerca de allí y vieron que tres indios con arcos y flechas venían tras dél llamándole, y él, assimismo, llamava a ellos por
señas. Y assí llegó donde estávamos y los indios se quedaron
un poco atrás, assentados en la misma ribera, y dende a media hora acudieron otros cien indios flecheros[61] que, agora
ellos fuessen grandes, o no, nuestro miedo les hazía parescer gigantes, y pararon cerca de nosotros, donde los tres
primeros estavan. Entre nosotros escusado era pensar que
avría quien se defendiesse, porque difficilmente se hallaron

60. Galveston (C. Covey) o Velasco, al sur de Galveston.
61. Sioux o dakotas, tribus guerreras e indomables que habitaban al oeste del Mississippi, en la región de las grandes praderas.

seis que del suelo se pudiessen levantar. El veedor e yo salimos a ellos y llamámosles, y ellos se llegaron a nosotros y lo mejor que podimos procuramos de assegurarlos y assegurarnos, y dímosles cuentas y cascaveles, y cada uno dellos me dio una flecha, que es señal de amistad, y por señas nos dixeron que a la mañana bolverían y nos traerían de comer, porque entonces no lo tenían.

Capítulo doze
Cómo los indios nos truxeron de comer

Otro día, saliendo el sol, que era la hora que los indios nos avían dicho, vinieron a nosotros como lo avían prometido y nos traxeron mucho pescado y de unas raízes que ellos comen y son como nuezes, algunas mayores o menores; la mayor parte dellas se sacan debaxo del agua y con mucho trabajo. A la tarde bolvieron y nos traxeron más pescado y de las mismas raízes e hizieron venir sus mugeres e hijos para que nos viessen, y ansí se bolvieron ricos de cascaveles y cuentas que les dimos, y otros días nos tornaron a visitar con lo mismo que estotras vezes. Como nosotros víamos que estavamos prevéídos de pescado y de raízes y de agua y de las otras cosas que pedimos, acordamos de tornarnos a embarcar y seguir nuestro camino, y desenterramos la varca de la arena en que estava metida, y fue menester que nos desnudássemos todos y passássemos gran trabajo para echarla al agua, porque nosotros estávamos tales que otras cosas muy más livianas bastavan para ponernos en él. Y assí, embarcados, a dos tiros de ballesta dentro de la mar, nos dio tal golpe de agua que nos mojó a todos, y como ívamos desnudos y el frío que hazía era muy grande, soltamos los remos de las manos, y a otro golpe que la mar nos dio trastornó la varca; el veedor y otros dos se asieron della para escaparse, mas suscedió muy al revés, que la varca los tomó debaxo y se ahogaron. Como la costa es muy brava, el mar, de un tumbo, echó a todos los otros, embueltos en las olas y medio ahogados, en la costa de la misma isla, sin que faltassen más de los tres que la varca avía tomado debaxo. Los que quedamos escapados, desnudos como nascimos y perdido todo lo que traíamos, y aunque todo valía poco, para entonces valía mucho. Y como entonces era por Noviembre y el frío muy grande y nosotros tales que con poca difficultad nos podían contar los huessos, estávamos hechos propria figura de la muerte. De mi sé dezir que desde el mes de Mayo passado yo no avía comido otra cosa sino maíz tostado, y algunas vezes me vi en necessidad de comerlo crudo, porque aunque se mataron los cavallos entre tanto que las varcas se hazían, yo nunca pude comer dellos y no fueron diez vezes las que comí pescado. Esto digo por escusar razones, porque pueda cada uno ver qué tales estaríamos. Y sobre todo lo dicho avía sobrevenido viento Norte, de suerte que más estávamos cerca de la muerte que de la vida; plugo a Nuestro Señor que, buscando los tizones del fuego que allí avíamos hecho, hallamos lumbre con que hezimos grandes fuegos, y ansí estuvimos pidiendo a Nuestro Señor misericordia y perdón de nuestros peccados, derramando muchas lágrimas, aviendo cada uno lástima, no sólo de sí, mas de todos los otros que en el mismo estado vían. Y a hora de puesto el sol, los indios creyendo que no nos avíamos ido, nos bolvieron a buscar y a traernos de comer, mas cuando ellos nos vieron ansí, en tan diferente hábito del primero y en manera tan estraña, espantáronse tanto que se bolvieron atrás. Yo salí a ellos y llamélos y vinieron muy espantados; hízelos entender por señas cómo se nos avía hundido una varca y se avían ahogado tres de nosotros, y allí en su presencia ellos mismos vieron dos muertos y los que quedávamos ívamos aquel camino. Los indios, de ver el desastre que nos avía venido y el desastre en que estávamos con tanto desventura y miseria, se sentaron entre nosotros y con el gran dolor y lástima que ovieron de vernos en

tanta fortuna, começaron todos a llorar rezio y tan de verdad que lexos de allí se podía oir, y esto les duró mas de media hora y cierto, ver que estos hombres tan sin razón y tan
crudos, a manera de brutos, se dolían tanto de nosotros,
hizo que en mi y en otros de la compañía cresciesse más la
passión y la consideración de nuestra desdicha. Sossegado
ya este llanto yo pregunté a los christianos y dixe que, si a
ellos parescía, rogaría a aquellos indios que nos llevassen a
sus casas, y algunos dellos, que avían estado en la Nueva
España, respondieron que no se devía hablar en ello, porque si a sus casas nos llevavan nos sacrificarían a sus ídolos;
mas visto que otro remedio no avía y que por qualquier
otro camino estava más cerca y más cierta la muerte, no
curé de lo que dezían, antes rogué a los indios que nos llevassen a sus casas, y ellos mostraron que avían gran plazer
dello y que esperássemos un poco, que ellos harían lo que
queríamos, y luego treinta dellos se cargaron de leña y se
fueron a sus casas, que estavan lexos de allí, y quedamos
con los otros hasta cerca de la noche, que nos tomaron y,
llevándonos asidos y con mucha priessa fuimos a sus casas,
y por el gran frío que hazía, y temiendo que en el camino
alguno no muriesse o desmayasse, proveyeron que oviesse
cuatro o cinco fuegos muy grandes puestos a trechos, y en
cada uno dellos nos escalentavan y, desque vían que avíamos tomado alguna fuerça y calor, nos llevavan hasta el
otro, tan apriessa que casi los pies no nos dejavan poner en
el suelo, y desta manera fuimos hasta sus casas, donde hallamos que tenían hecha una casa para nosotros y muchos
fuegos en ella, y desde a un hora que avíamos llegado començaron a bailar y hazer grande fiesta (que duró toda la
noche), aunque para nosotros no avía plazer, fiesta, ni sueño, esperando cuando nos avían de sacrificar, y a la mañana nos tornaron a dar pescado y raízes y hazer tan buen
tratamiento que nos asseguramos algo y perdimos algo el
miedo del sacrificio.

Capítulo treze
Cómo supimos de otros christianos

Este mismo día yo vi a un indio de aquellos un resgate[62] y conosçí que no era de los que nosotros les avíamos dado, y preguntando donde le avían avido ellos, por señas me respondieron que se lo avían dado otros hombres como nosotros que estavan atrás. Yo, viendo esto, embié dos christianos y dos indios que les mostrassen aquella gente, y muy cerca de allí toparon con ellos, que también venían a buscarnos porque los indios que allá quedavan los avían dicho de nosotros, y éstos eran los capitanes Andrés Dorantes y Alonso del Castillo con toda la gente de su varca. Y llegados a nosotros se espantaron mucho de vernos de la manera que estávamos y rescibieron muy gran pena por no tener que darnos, que ninguna otra ropa traían sino la que tenían vestida. Y estuvieron[63] allí con nosotros y nos contaron cómo, a cinco de aquel mismo mes, su varca avía dado al través legua y media de allí y ellos avían escapado sin perderse ninguna cosa, y todos juntos acordamos de adobar su varca e irnos en ella los que tuviessen fuerça y dispusición para ellos; los otros, quedarse allí hasta que convaleciessen, para irse como pudiessen por luengo de costa y que esperassen allí, hasta que Dios los llevasse con nosotros a tierra de christianos. Y como lo pensamos, assí nos pusimos en ello. Y antes que echássemos la varca al agua. Tavera, un cavallero de nuestra compañía, murió; y la varca que nosotros pensávamos llevar hizo su fin y no se pudo sostener a sí misma, que luego fue hundida. Y como quedamos del arte que he dicho, y los más desnudos, y el tiempo tan rezio para caminar, y passar rios y ancones a nado, ni tener bas-

---

62. Mercancía para comerciar con los indios.
63. E. V. ostuvieron.

timento alguno, ni manera para llevarlo, determinamos de
hazer lo que la necessidad pedía, que era invernar allí. Y
acordamos también que cuatro hombres que más rezios estavan fuesen a Panunco, creyendo que estaba cerca de allí, y
que si Dios Nuestro Señor fuesse servido de llevarlos allá,
diessen aviso de cómo quedávamos en aquella isla y de
nuestra necessidad y trabajo. Estos eran muy grandes na-
dadores, y al uno llamavan Alvaro Fernández, portugués,
carpintero y marinero; el segundo se llamava Méndez, y al
tercero Figueroa, que era natural de Toledo; el cuarto, As-
tudillo, natural de Çafra. Llevavan consigo un indio que era
de la isla.

Capítulo catorce
Cómo se partieron cuatro christianos

Partidos estos cuatro christianos, dende a pocos días suscedió tal tiempo de fríos y tempestades que los indios no podían arrancar las raízes, y de los cañales en que pescavan ya
no avía provecho ninguno, y como las casas eran tan desabri-
gadas començóse a morir la gente, y cinco christianos que estavan en rancho en la costa llegaron a tal estremo que se comieron los unos a los otros hasta que quedó uno sólo, que por
ser solo no huvo quien lo comiesse. Los nombres dellos son
estos: Sierra, Diego López, Corral, Palacios, Gonçalo Ruiz.
Deste caso se alteraron tanto los indios y ovo entre ellos tan
gran escándalo, que sin dubda, si al principio ellos lo vieran,
los mataran y todos nos viéramos en grande trabajo; finalmente, en muy poco tiempo, de ochenta hombres que de ambas partes allí llegamos quedaron vivos solos quinze, y después de muertos éstos dio a los indios de la tierra una enfermedad de estómago de que murió la mitad de la gente dellos,
y creyeron que nosotros éramos los que los matávamos, y te-

niéndolo por muy cierto concertaron entre sí de matar a los que avíamos quedado. Ya que lo venían a poner en efecto un indio que a mí me tenía les dixo que no creyessen que nosotros éramos los que los matávamos, porque si nosotros tal poder tuviéramos, escusáramos que no murieran tantos de nosotros como dellos vían que avían muerto sin que les pudiéramos poner remedio, y que ya no quedávamos sino muy pocos y que ninguno hazía daño ni perjuizio; que lo mejor era que nos dexasen. Y quiso Nuestro Señor que los otros siguieron este consejo y parescer, y ansí se estorvó su propósito. A esta isla pusimos por nombre isla de Malhado. La gente que allí hallamos son grandes y bien dispuestos; no tienen otras armas sino flechas y arcos, en que son por extremo diestros. Tienen los hombres la una teta horadada de una parte a otra, y algunos ay que las tienen ambas, y por agujero que hazen traen una caña atravessada, tan larga como dos palmos y medio y tan gruessa como dos dedos; traen también horadado el labio de abaxo y puesto en él un pedaço de la caña, delgada como medio dedo. Las mugeres son para mucho trabajo. La habitación que en esta isla hazen es desde Octubre hasta en fin de Hebrero. El su mantenimiento es las raízes que he dicho, sacadas debaxo el agua por Noviembre y Deziembre. Tienen cañales y no tienen más peces de para este tiempo; de aí adelante comen las raízes. En fin de Hebrero van a otras partes a buscar con qué mantenerse, porque entonces las raízes comiençan a nascer y no son buenas. Es la gente del mundo que más ama a sus hijos y mejor tratamiento les hazen, y cuando acaesce que alguno se le muere el hijo, lóranle los padres y los parientes y todo el pueblo, y el llanto dura un año cumplido, que cada día por la mañana, antes que amanezca, comiençan primero a llorar los padres y tras esto todo el pueblo, y esto mismo hazen al medio día y cuando amanesce; y passado un año que los han llorado, házenle las honrras del muerto y lávanse y límpianse del tizne que traen. A todos los defuntos lloran desta manera, salvo a los viejos, de quien no

hazen caso porque dizen que ya han passado su tiempo y dellos ningún provecho ay, antes occupan la tierra y quitan el
mantenimiento a los niños. Tienen por costumbre enterrar
los muertos, si no son los que entre ellos son físicos, que a éstos quémanlos y mientras el fuego arde todos estan bailando
y haziendo muy gran fiesta, y hazen polvos los huessos. Y
passado un año, cuando se hazen sus honrras todos se jassan
en éllas y a los parientes dan aquellos polvos a bever, de los
huessos, en agua. Cada uno tiene una muger conoscida. Los
físicos son los hombres más libertados; pueden tener dos y
tres y entre estas ay muy gran amistad y conformidad. Cuando viene que alguno casa su hija, el que la toma por muger,
dende el día que con ella se casa, todo lo que matare caçan-
do, o pescando, todo lo trae la muger a la casa de su padre,
sin osar tomar, ni comer, alguna cosa dello, y de casa del
suegro le llevan a él de comer, y en todo este tiempo el suegro, ni la suegra, no entran en su casa, ni él ha de entrar en
casa de los suegros, ni cuñados, y si a caso se toparen por alguna parte se desvían un tiro de ballesta el uno del otro, y
entre tanto que assí van apartándose[64], llevan la cabeça baxa
y los ojos en tierra puestos, porque tienen por cosa mala
verse ni hablarse. Las mugeres tienen libertad para comunicar y conversar con los suegros y parientes. Y esta costumbre se tiene desde la isla hasta más de cincuenta leguas por
la tierra adentro. Otra costubre ay, y es que cuando algún
hijo o hermano muere, en la casa donde muriere, tres meses
no buscan de comer, antes se dexan morir de hambre y, los
parientes y los vezinos les proveen de lo que han de comer.
Y como en el tiempo que aquí estuvimos murió tanta gente
dellos, en las más casas avía muy gran hambre por guardar
también su costumbre y cerimonia, y los que lo buscavan,
por mucho que trabajavan, por ser el tiempo tan rezio no

64. E. V. aportándose.

podían aver sino muy poco. Y por esta causa los indios que
a mí me tenían se salieron de la isla y en unas canoas se passaron a tierra firme, a unas baías adonde tenían muchos
hostiones, y tres meses del año no comen otra cosa y beven
muy mala agua. Tienen gran falta de leña, y de mosquitos
muy grande abundancia. Sus casas son edificadas de esteras
sobre muchas cáxcaras de hostiones, y sobre ellos duermen
en cueros y no los tienen sino es acaso. Y assí estuvimos
hasta en fin de Abril, que fuimos a la costa de la mar, a do
comimos moras de çarças todo el mes, en el cual no cessan
de hazer sus areitos[65] y fiestas.

Capítulo quinze
De lo que nos acaesció en la villa de Malhado

En aquella isla que he contado nos quisieron hazer físicos, sin
examinarnos ni pedirnos los títulos, porque ellos curan las
enfermedades soplando al enfermo y con aquel soplo y las
manos echan dél la enfermedad, y mandáronnos que hiziéssemos lo mismo y sirviéssemos en algo; nosotros nos reíamos
dello, diziendo que era burla y que no sabíamos[66] curar, y por
esto nos quitavan la comida hasta que hiziéssemos lo que nos
dezían. Y viendo nuestra porfía, un indio me dixo a mí que yo
no sabía lo que dezía en dezir que no aprovecharía nada aquello que él sabía, ca las piedras y otras cosas que se crían por los
campos tienen virtud, y que él, con una piedra caliente, tra-
yéndola por el estómago, sanava y quitava el dolor, y que nosotros, que éramos hombres, cierto era que teníamos mayor
virtud y poder. En fin, nos vimos en tanta necessidad que lo
ovimos de hazer sin temer que nadie nos llevasse por ello la

---

65. Cantos y bailes festivos de los indios.
66. E. V. sobíamos.

pena. La manera que ellos tienen en curarse es ésta: que en
viéndose enfermos llaman un médico, y después de curado
no sólo le dan todo lo que posseen, mas entre sus parientes
buscan cosas para darle. Lo que el médico haze es dalle unas
sajas adonde tiene el dolor, y chúpanle alderredor dellas. Dan
cauterios de fuego, que es cosa entre ellos tenida por muy
provechosa, e yo lo he experimentado y me suscedió bien dello, y después desto soplan aquel lugar que les duele, y con
esto creen ellos que se les quita el mal. La manera con que
nosotros curamos era santiguándolos y soplarlos y rezar un
Pater noster y un Ave María, y rogar lo mejor que podíamos
a Dios Nuestro Señor que les diesse salud y espirasse en
ellos que nos hiziessen algún buen tratamiento. Quiso Dios
Nuestro Señor y su misericordia que todos aquellos por
quien suplicamos, luego que los santiguamos, dezían a los
otros que estavan sanos y buenos, y por este respecto nos
hazían buen tratamiento y dexavan ellos de comer por dárnoslo a nosotros y nos davan cueros y otras cosillas. Fue tan
extremada la hambre que allí se passó que muchas vezes estuve tres días sin comer ninguna cosa, y ellos también lo estavan, y parescíame ser cosa impossible durar la vida, aunque en otras mayores hambres y necessidades me vi después, como adelante diré. Los indios[67] que tenían a Alonso
del Castillo y Andrés Dorantes y a los demás que avían quedado vivos, como eran de otra lengua y de otra parentela, se
passaron a otra parte de la tierra firme a comer hostiones, y
allí estuvieron hasta el primero día del mes de Abril y luego
bolvieron a la isla, que estava de allí hasta dos leguas por lo
más ancho del agua, y la isla tiene media legua de través y
cinco en largo. Toda la gente desta tierra anda desnuda; solas las mugeres traen de sus cuerpos algo cubierto con una
lana que en los árboles se cría. Las moças se cubren con
unos cueros de venados. Es gente muy partida de lo que tie-

---

67. Probablemente los de Hans.

nen, unos con otros. No ay entre ellos señor. Todos los que
son de un linaje andan juntos. Habitan en ella dos maneras
de lenguas: a los unos llaman de Capoques, y a los otros de
Han; tienen por costumbre, cuando se conoscen y de tiempo a tiempo se veen, primero que se hablen estar media
hora llorando, y acabado esto, aquel que es visitado se le-
vanta primero y da al otro todo cuanto possee, y el otro lo
rescibe y de aí a un poco se va con ello, y aún algunas vezes
después de rescebido se van sin que hablen palabra. Otras
estrañas costumbres tienen; mas yo he contado las más
principales y más señaladas, por passar adelante y contar lo
que más nos sucedió.

CAPÍTULO DIEZ Y SEIS
Cómo se partieron los christianos de la isla de Malhado

Después que Dorantes y Castillo bolvieron a la isla, recogieron consigo todos los christianos, que estavan algo esparzi-
dos, y halláronse por todos catorze. Yo, como he dicho, estava
en la otra parte en tierra firme, donde mis indios me avían
llevado y donde me avía dado tan gran enfermedad, que ya
que alguna otra cosa me diera esperança de vida, aquella bastava para del todo quitármela. Y como los christianos esto supieron, dieron a un indio la manta de martas que del cacique
avíamos tomado, como arriba diximos, porque los passasse
donde yo estaba, para verme. Y assí vinieron doze, porque los
dos quedaron tan flacos que no se atrevieron a traerlos consigo; los nombres de los que entonces vinieron son: Alonso del
Castillo, Andrés Dorantes y Diego Dorantes; Valdiviesso, Es-
trada, Tostado, Chaves, Gutiérrez, Esturiano, clerigo, Diego
de Huelva, Estevanico el negro, Benítez. Y como fueron venidos a tierra firme hallaron otro que era de los nuestros, que se
llamava Francisco de León, y todos treze por luengo de costa.

Y luego que fueron passados, los indios que me tenían me avisaron dello, y cómo quedavan en la isla Hierónimo de Alaniz y Lope de Oviedo. Mi enfermedad estorvó que no les pude seguir, ni los vi. Yo huve de quedar con estos mismos indios de la isla más de un año, y por el mucho trabajo que me davan y mal tratamiento que me hazían, determiné de huir dellos e irme a los que moran en los montes y tierra firme, que se llaman los de Charruco, porque yo no podía sufrir la vida que con estos otros tenía, porque entre otros trabajos muchos, avía que sacar las raízes para comer, debaxo del agua, y entre las cañas donde estavan metidas en la tierra, y desto traía yo los dedos tan gastados que una paja que me tocasse me hazía sangre dellos, y las cañas me rompían por muchas partes, porque muchas dellas estavan quebradas y avía de entrar por medio dellas con la ropa que he dicho que traía. Y por esto yo puse en obra de passarme a los otros y con ellos me suscedió algo mejor, y porque yo me hize mercader procuré de usar el officio lo mejor que supe y por esto ellos me davan de comer y me hazían buen tratamiento, y rogávanme que me fuesse de unas partes a otras por cosas que ellos avían menester, porque por razón de la guerra que contino traen, la tierra no se anda ni se contrata tanto. E ya con mis tratos y mercaderías entrava la tierra adentro todo lo que quería y por luengo de costa me alargava cuarenta o cincuenta leguas. Lo principal de mi trato era pedaços de caracoles de la mar y coraçones dellos y conchas con que ellos cortan una fruta que es como frísoles, con que se curan y hazen sus bailes y fiestas, y esta es la cosa de mayor prescio que entre ellos ay, y cuentas de la mar y otras cosas. Así, esto era lo que yo llevava la tierra adentro. Y en cambio y trueco dello, traía cueros y almagra[68] con que ellos se untan y tiñen las caras y cabellos; pedernales para puntas de flechas, en-

---

68.   Óxido rojo de hierro empleado en pintura.

grudo y cañas duras para hazerlas, y unas borlas que se ha
zen de pelos de venados, que las tiñen y paran coloradas; y
este officio me estava a mí bien, porque andando en él tenía
libertad para ir donde quería y no era obligado a cosa alguna y no era esclavo, y donde quiera que iva me hazían buen
tratamiento y me davan de comer, por respecto de mis mercaderías, y lo más principal, porque andando en ello yo bus-
cava por donde me avía de ir adelante, y entre ellos era muy
conoscido; holgavan mucho cuando me vían y les traía lo
que avían menester, y los que no conoscían, me procuravan
y desseavan ver, por mi fama. Los trabajos que en esto passé
sería largo contarlos, assí de peligros y hambres como de
tempestades y fríos, que muchos dellos me tomaron en el
campo y solo, donde por gran misericordia de Dios Nuestro
Señor escapé. Y por esta causa yo no tratava el officio en invierno, por ser tiempo que ellos mismos en sus choças y
ranchos metidos no podían valerse ni ampararse. Fueron
casi seis años el tiempo que yo estuve en esta tierra, solo entre ellos y desnudo como todos andavan. La razón por que
tanto me detuve fue por llevar comigo un christiano que estava en la isla llamado Lope de Oviedo. El otro compañero,
de Alaniz, que con él avía quedado, cuando Alonso del Castillo y Andrés Dorantes con todos los otros se fueron, murió
luego, y por sacarlo de allí yo passava a la isla cada año y le
rogava que nos fuéssemos a la mejor maña que pudiéssemos en busca de christianos, y cada año me detenía, diziendo que el otro siguiente nos iríamos. En fin, al cabo lo saqué
y le passé el ancón e cuatro ríos[69] que ay por la costa, porque
él no sabía nadar. Y ansí fuimos con algunos indios adelante, hasta que llegamos a un ancón que tiene una legua de
través y es por todas partes hondo, y por lo que dél nos pa-

69. El Bastrop Bayon, el Brazos, el San Bernardo y el Caney Creek, según Covey; el Oyster Creek, el Brazos, el Caney Creek y el Colorado, según
Hodge.

resció y vimos, es el que llaman del Spíritu Sancto, y de la otra parte dél vimos unos indios que vinieron a ver los nuestros y nos dixeron cómo más adelante avía tres hombres como nosotros, y nos dixeron los nombres dellos. Y preguntándoles por los demás nos respondieron que todos eran muertos de frío y de hambre. Y que aquellos indios de adelante, ellos mismos, por su passatiempo, avían muerto a Diego Dorantes y a Valdevieso y a Diego de Huelva porque se avían passado de una casa a otra, y que los otros indios sus vezinos, con quien agora estava el capitán Dorantes, por razón de un sueño que avían soñado, avían muerto a Esquivel y a Méndez. Preguntámosles qué tales estavan los vivos; dixéronnos que muy mal tratados, porque los mochachos, y otros indios que entre ellos son muy holgazanes y de mal trato, les davan muchas voces y bofetones y palos, y que ésta era la vida que con ellos tenían. Quesímonos informar de la tierra adelante y de los mantenimientos que en ella avía; respondieron que era muy pobre de gente y que en ella no avía qué comer, y que morían de frío porque no tenían cueros, ni con qué cubrirse. Dixéronnos también si queríamos ver aquellos tres christianos, que de aí a dos días los indios que los tenían vernían a comer nuezes, una legua de allí a la vera de aquel río, y, porque viéssemos que lo que nos avían dicho del mal tratamiento de los otros era verdad, estando con ellos dieron al compañero mío de bofetones y palos, e yo no quedé sin mi parte, y de muchos pellazos de lodo que nos tiravan, y nos ponían cada día las flechas al coraçón diziendo que nos querían matar como a los otros nuestros compañeros. Y temiendo esto Lope de Oviedo, mi compañero, dixo que quería bolverse con unas mugeres de aquellos indios con quien avíamos passado el ancón que quedava algo atrás. Yo porfié mucho con él que no lo hiziesse, y passé muchas cosas y por ninguna via lo pude detener, y assí se bolvió e yo quedé solo con aquellos indios, los cuales se llamavan Quevenes, y los otros con quien él se fue, llaman Deaguanes.

Capítulo diez y siete
Cómo vinieron los indios y truxeron a Andrés Dorantes y a Castillo y a Estevanico

Desde a dos días que Lope de Oviedo se avía ido, los indios que tenían a Alonso del Castillo y Andrés Dorantes vinieron al mesmo lugar que nos avían dicho, a comer de aquellas nuezes de que se mantienen, moliendo unos granillos con ellas, dos meses del año, sin comer otra cosa, y aún esto no lo tienen todos los años, porque acuden uno, y otro no; son del tamaño de las de Galizia, y los árboles son muy grandes y ay gran número dellos. Un indio me avisó como los christianos eran llegados, y que si yo quería verlos me hurtasse e huyesse a un canto de un monte que él me señaló, porque él y otros parientes suyos avían de venir a ver aquellos indios y que me llevarían consigo adonde los christianos estavan. Yo me confié dellos y determiné de hazerlo porque tenían otra lengua distinta de la de mis indios. Y puesto por obra, otro día fueron y me hallaron en el lugar que estava señalado, y assí me llevaron consigo. Ya que llegué cerca de donde tenían su aposento, Andrés Dorantes salió a ver quién era, porque los indios le avían también dicho cómo venía un christiano, y cuando me vio fue muy espantado porque avía muchos días que me tenían por muerto, y los indios assí lo avían dicho. Dimos muchas gracias a Dios de vernos juntos, y este día fue uno de los de mayor plazer que en nuestros días avemos tenido. Y llegado donde Castillo estava, me preguntaron que donde iva. Yo le dixe que mi propósito era de passar a tierra de christianos, y que en este rastro y busca iva. Andrés Dorantes respondió que muchos días avía que él rogava a Castillo y a Estevanico que se fuessen adelante, y que no lo osavan hazer porque no sabían nadar y que temían mucho los ríos y ancones por donde avían de passar, que en aquella tierra ay muchos. Y pues Dios Nuestro Señor avía sido servido de guardarme entre tantos trabajos y enfermedades y al cabo traerme en

su compañía, que ellos determinavan de huir, que yo los passaría de los ríos y ancones que topássemos, y avisáronme que en
ninguna manera diesse a entender a los indios, ni conosciessen
de mí, que yo quería passar adelante, porque luego me mata-
rían, y que para esto era menester que yo me detuviesse con
ellos seis meses, que era tiempo en que aquellos indios ivan a
otra tierra a comer tunas[70]. Esta es una fruta que es del tamaño de huevos, y son bermejas y negras y de muy buen gusto.
Cómenlas tres meses del año, en los cuales no comen otra
cosa alguna, porque al tiempo que ellos las cogían venían a
ellos otros indios de adelante que traían arcos, para contratar
y cambiar con ellos; y que, cuando aquellos se bolviesen, nos
huiríamos de los nuestros y nos bolveríamos con ellos. Con
este concierto, yo quedé allí y me dieron por esclavo a un indio con quien Dorantes estava, el cual era tuerto, y su muger,
y un hijo que tenía y otro que estava en su compañía, de manera que todos eran tuertos. Estos se llaman Marianes, y Castillo estava con otros sus vezinos llamados Yguases. Y estando aquí ellos me contaron que después que salieron de la isla
de Malhado, en la costa de la mar hallaron la varca en que iva
el contador y los frailes, al través, y que yendo passando aquellos ríos, que son cuatro muy grandes y de muchas corrientes,
les llevó las varcas en que passavan, a la mar, donde se ahogaron cuatro dellos, y que assí fueron adelante hasta que passaron el ancón, y lo passaron con mucho trabajo, y a quinze leguas adelante hallaron otro, y que cuando allí llegaron ya se
les avían muerto dos compañeros en sesenta leguas que avían
andado, y que todos los que quedavan estavan para lo mismo,
y que en todo el camino no avían comido sino cangrejos e
yerva pedrera, y llegando a este último ancón dezían que hallaron en él indios que estavan comiendo moras, y, como vieron a los christianos se fueron de allí a otro cabo, y que estan-

---

70. Fruto del *Opuntia cactus*, especie semejante a la higuera silvestre.

do procurando y buscando manera para passar el ancón, passaron a ellos un indio y un christiano, y que llegado conoscieron que era Figueroa, uno de los cuatro que avíamos embiado adelante en la isla de Malhado, y allí les contó como él y sus compañeros avían llegado hasta aquel lugar, donde se avían muerto dos dellos y un indio, todos tres de frío y de hambre, porque avían venido y estando en el más rezio tiempo del mundo, e que a él y a Méndez avían tomado los indios. Y que, estando con ellos, Méndez avía huido, yendo la vía, lo mejor que pudo, de Pánuco, y que los indios avían ido tras él e que lo avían muerto, e que estando él con estos indios supo dellos cómo con los Mariames estava un christiano que avía passado de la otra parte e lo avía hallado con los que llamavan Quevenes, y que este christiano era Hernando de Esquivel, natural de Badajoz, el cual venía en compañía del comissario, e que él supo de Esquivel el fin en que avían parado el governador, y contador, y los demás, y le dixo que el contador y los frailes avían echado al través su varca entre los ríos y viniéndose por luengo de costa llegó la varca del governador con su gente en tierra, y él se fue con su varca hasta que llegaron a aquel ancón grande, y que allí tornó a tomar la gente y la passó del otro cabo y bolvió por el contador y los frailes y todos los otros. Y contó cómo, estando desembarcados, el governador avía revocado el poder que el contador tenía de lugarteniente suyo, y dió el cargo a un capitán que traía consigo, que se dezía Pantoja, e que el governador se quedó en su varca y no quiso aquella noche salir a tierra, y quedaron con él un maestro y un page que estava malo, y en la varca no tenían agua ni cosa ninguna que comer, e que a media noche el Norte vino tan rezio que sacó la varca a la mar sin que ninguno la viesse, porque no tenía por resón[71] sino una piedra, y que nunca más supieron dél; e qui visto esto, la gente que en tierra

---

71. Ancla pequeña.

quedaron se fueron por luego de costa e que, como hallaron tanto estorvo de agua, hizieron balsas con mucho trabajo, en que pasaron de la otra parte, e que yendo adelante llegaron a una punta de un monte orilla del agua, e que hallaron indios que, como los vieron venir, metieron sus casas en sus canoas y se passaron de la otra parte a la costa, y los christianos, viendo el tiempo que era, porque era por el mes de Noviembre, pararon en este monte, porque hallaron agua y leña y algunos cangrejos y mariscos, donde de frío y de hambre se començaron poco a poco a morir. Allende desto, Pantoja, que por teniente avía quedado, les hazía mal tratamiento, y no lo podiendo sufrir Sotomayor, hermano de Vasco Porcallo, el de la isla de Cuba, que en el armada avía venido por maestre de campo, se rebolvió con él y le dio un palo, de que Pantoja quedó muerto, y assí se fueron acabando. Y los que morían, los otros los hazían tasajos, y el último que murió fue Sotomayor, y Esquivel lo hizo tasajos y comiendo dél se mantuvo hasta primero de Março, que un indio de los que allí avían huido vino a ver si eran muertos, y llevó a Esquivel consigo, y estando en poder deste indio el Figueroa lo habló, y supo dél todo lo que avemos contado, y le rogó que viniesse con él para irse ambos la vía del Pánuco, lo cual Esquivel no quiso hazer, diziendo que él avía sabido de los frailes que Pánuco avía quedado atrás, y assí se quedó allí y Figueroa se fue a la costa adonde solía estar.

Capítulo diez y ocho
De la relación que dio de Esquivel

Esta cuenta toda dio Figueroa por la relación que de Esquivel avía sabido, y assí de mano en mano llegó a mí, por donde se puede ver y saber el fin que toda aquella armada ovo y los particulares casos que a cada uno de los demás acontescieron.

Y dixo más, que si los christianos algún tiempo andavan por allí, podría ser que viessen a Esquivel, porque sabía que se avía huido de aquel indio con quien estava, a otros que se dezían los Mareames, que eran allí vezinos. Y como acabó de dezir, él y el Asturiano se quisieran ir a otros indios que adelante estavan, mas como los indios que lo tenían lo sintieron, salieron a ellos y diéronle muchos palos y desnudaron al Asturiano y passáronle un braço con una flecha, y en fin [fin], se escaparon huyendo, y los christianos se quedaron con aquellos indios y acabaron con ellos que los tomassen por esclavos, aunque estando sirviéndoles fueron tan mal tratados dellos como nunca esclavos ni hombres de ninguna suerte lo fueron, porque de seis que eran, no contentos con darles muchas bofetadas y apalearlos y pelarles las barvas por su passatiempo, por sólo passar de una casa a otra mataron tres, que son los que arriba dixe: Diego Dorantes, y Valdeviesso y Diego de Huelva. Y los otros tres que quedavan esperavan parar en esto mismo, y, por no sufrir esta vida, Andrés Dorantes se huyó y se passó a los Mareames, que eran aquellos donde Esquivel avía parado, y ellos le contaron cómo avían tenido allí a Esquivel y cómo, estando allí, se quiso huir porque una muger avía soñado que le avía de matar un hijo, y los indios fueron tras él y lo mataron y mostraron a Andrés Dorantes su espada y sus cuentas y libro y otras cosas que tenía. Esto hazen éstos por una costumbre que tienen, y es que matan sus mismos hijos por sueños, y a las hijas, en nasciendo, las dexan comer a perros y las echan por aí. La razón porque ellos lo hazen es, según ellos dizen, porque todos los de la tierra son sus enemigos y con ellos tienen continua guerra, y que, si acaso casassen sus hijas, multiplicarían tanto sus enemigos que los subjetarían y tomarían por esclavos, y por esta causa querían mas matallas que no que dellas mismas nasciesse quien fuesse su enemigo. Nosotros les diximos que por qué no las casavan con ellos mismos y también entre ellos; dixeron que era fea cosa casarlas con sus parientes, y que era muy mejor matarlas que darlas a sus parientes, ni a sus enemigos, y esta costumbre usan éstos y otros sus vezinos que se llaman los Yguazes, solamente, sin que ningunos otros de la tierra la guarden. Y cuando éstos se han de casar, compran las mugeres a sus enemigos, y el precio que cada uno da por la suya es un arco, el mejor que puede aver, con dos flechas, y si acaso no tiene arco, una red hasta una braça en ancho y otra en largo; matan sus hijos y mercan los agenos; no dura el casamiento mas de cuanto están contentos, y con una higa[72] deshacen el casamiento. Dorantes estuvo con éstos y desde a pocos días se huyó. Castillo y Estevanico se vinieron dentro a la tierra firme y a los Yeguazes. Toda esta gente son flecheros y bien dispuestos, aunque no tan grandes como los que atrás dexamos, e traen la teta y el labio horadados. Su mantenimiento principalmente es raízes de dos o tres maneras, y búscanlas por toda la tierra; son muy malas e hinchan los hombres que las comen. Tardan dos días en assarse y muchas dellas son muy amargas[73], y con todo esto se sacan con mucho trabajo. Es tanta la hambre que aquellas gentes tienen que no se pueden passar sin ellas, y andan dos o tres leguas buscándolas. Algunas vezes matan algunos venados, y a tiempos toman algún pescado; mas esto es tan poco y su hambre tan grande, que comen arañas e huevos de hormigas y gusanos e lagartijas e salamanquesas e culebras y bívoras que matan los hombres que muerden, y comen tierra y madera e todo lo que pueden aver, y estiércol de venados y otras cosas que dexo de contar, y creo averiguadamente que, si en aquella tierra oviesse piedras, las comerían. Guardan las espinas del pescado que comen e de las culebras y otras cosas, para molerlo después todo e comer el polvo déllo. Entre éstos no se cargan los hombres, ni llevan cosa de peso, mas llévanlo las mugeres y los viejos, que es la gente que ellos en menos tienen. No tienen

72. Con cualquier pretexto.
73. E. V. amorgas.

tanto amor a sus hijos como los que arriba diximos. Ay algunos entre ellos que usan peccado contra natura. Las mugeres son muy trabajadas y para mucho, porque de veinte y cuatro horas que ay entre día y noche no tienen sino seis horas de descanso, y todo lo más de la noche passan en atizar sus hornos para secar aquellas raízes que comen. Y desque amanesce comiençan a cavar y a traer leña y agua a sus casas y dar orden en las otras de que tienen necessidad. Los más destos son grandes ladrones, porque aunque entre sí son bien partidos, en bolviendo uno la cabeça, su hijo mesmo o su padre le toma lo que puede. Mienten muy mucho y son grandes borrachos, y para esto beven ellos una cierta cosa. Están tan usados a correr que sin descansar ni cansar corren desde la mañana hasta la noche y siguen un venado, y desta manera matan muchos dellos, porque los siguen hasta que los cansan, y algunas vezes los toman vivos. Las casas dellos son de esteras[74] puestas sobre cuatro arcos; llévanlas acuestas y múdanse cada dos o tres días para buscar de comer; ninguna cosa siembran que se puedan aprovechar; es gente muy alegre; por mucha hambre que tengan, por esso no dexan de bailar ni de hazer sus fiestas y areitos. Para ellos, el mejor tiempo que éstos tienen es cuando comen las tunas, porque entonces no tienen hambre y todo el tiempo se les passa en bailar, y comen dellas de noche y de día todo el tiempo que les duran; exprímenlas y ábrenlas y pónenlas a secar, y después de secas pónenlas en unas seras, como higos, y guárdanlas para comer por el camino cuando se buelven, y las cáxcaras dellas muélenlas y házenlas polvo. Muchas vezes estando con éstos, nos acontesció tres o cuatro días estar sin comer porque no lo avía; ellos, por alegrarnos, nos dezían que no estuviéssemos tristes, que presto avría tunas y comeríamos muchas y beveríamos del çumo dellas, y terníamos las barrigas muy grandes y estaríamos muy contentos y alegres y sin hambre alguna. Y desde el

74. *Tipi,* casa movible.

tiempo que esto nos dezían hasta que las tunas se oviessen de
comer avía cinco o seis meses, y, en fin, ovimos de esperar
aquestos seis meses y, cuando fue tiempo, fuimos a comer las
tunas; hallamos por la tierra muy gran cantidad de moxqui-
tos de tres maneras, que son muy malos y enojosos, y todo lo
más del verano nos davan mucha fatiga. Y para deffendernos
dellos hazíamos al derredor de la gente muchos fuegos de
leña podrida y mojada para que no ardiessen e hiziessen
humo, y esta defensión nos dava otro trabajo, porque en toda
la noche no hazíamos sino llorar, del humo que en los ojos
nos dava, y sobre esto gran calor que nos causavan los muchos fuegos, y salíamos a dormir a la costa y, si alguna vez podíamos dormir, recordávannos a palos para que tornássemos
a encender los fuegos. Los de la tierra adentro, para esto usan
otro remedio tan incomportable y más que éste que he dicho,
y es andar con tizones en las manos, quemando los campos y
montes que topan, para que los mosquitos huyan, y también
para sacar debaxo de tierra lagartijas y otras semejantes cosas, para comerlas. Y también suelen matar venados cercán-
dolos con muchos fuegos. Y usan también esto por quitar a
los animales el pasto y que la necessidad les haga ir a buscar-
lo a dónde ellos quieren, porque nunca hazen assiento con
sus casas sino donde ay agua y leña, y alguna vez se cargan todos desta provisión e van a buscar los venados, que muy ordi-
nariamente están donde no ay agua ni leña, y el día que llegan
matan venados y algunas otras cosas que pueden y gastan
todo el agua y leña en guisar de comer y en los fuegos que hazen para defenderse de los mosquitos, y esperan otro día para
tomar algo que lleven para el camino. Y cuando parten, tales
van de los mosquitos que paresce que tienen enfermedad de
Sant Lázaro. Y desta manera satisfazen su hambre dos o tres
vezes en el año, a tan grande costa como he dicho, y por aver
passado por ello puedo affirmar que ningún trabajo que se
sufra en el mundo iguala con éste. Por la tierra ay muchos venados y otras aves e animales de las que atrás he contado. Al-

cançan aquí vacas[75] e yo las he visto tres vezes y comido dellas, y parésceme que serán del tamaño de las de España; tienen los cuernos pequeños, como moriscas, y el pelo muy
largo, merino, como una bernia[76]; unas son pardillas y otras
negras, y a mi parescer tienen mejor y más gruessa carne
que de las de acá. De las que no son grandes hazen los indios
mantas para cubrirse, y de las mayores hazen çapatos y ro-
delas; éstas vienen de hazia el norte por la tierra adelante
hasta la costa de la Florida, y tiéndense por toda la tierra
más de cuatrocientas leguas, y en todo este camino, por los
valles por donde ellas vienen, baxan las gentes que por allí
habitan y se mantienen dellas y meten en la tierra grande
cantidad[77] de cueros.

Capítulo diez y nueve
De cómo nos apartaron los indios

Cuando fueron cumplidos los seis meses que yo estuve con los
christianos esperando a poner en efecto el concierto que teníamos hecho, los indios se fueron a las tunas, que avía de allí
adonde las avían de coger hasta treinta leguas, e ya que estávamos para huirnos, los indios con quien estávamos unos con
otros riñeron sobre una muger y se apuñearon[78] y apalearon y
descalabraron unos a otros, y con el grande enojo que ovieron,
cada uno tomó su casa y se fue a su parte, de donde fue necessario que todos los christianos que allí oramos también nos
apartássemos y en ninguna manera nos podimos juntar hasta
otro año. Y en este tiempo yo passé muy mala vida, ansí por la
mucha hambre como por el mal tratamiento que de los indios

75. Bisontes.
76. Capa de lana basta.
77. E. V. contindad.
78. E. V. opuñearon.

rescibía, que fue tal, que yo me huve de huir tres vezes de los
amos que tenía, y todos me anduvieron a buscar y poniendo
diligencia para matarme, y Dios Nuestro Señor por su misericordia[79] me quiso guardar y amparar dellos. Y cuando el tiempo de las tunas tornó, en aquel mismo lugar nos tornamos a
juntar. Ya que teníamos concertado de huirnos y señalado el
día, aquel mismo día los indios nos apartaron y fuimos cada
uno por su parte e yo dixe a los otros compañeros que yo los es-
peraría en las tunas hasta que la luna fuesse llena, y este día era
primero de Setiembre y primero día de luna, y avíselos que si
en este tiempo no viniessen al concierto, yo me iría solo y los
dexaría. Y ansí nos apartamos y cada uno se fue con sus indios
e yo estuve con los míos hasta treze de luna, e yo tenía acordado de me huir a otros indios en siendo la luna llena. Y a treze
días del mes llegaron adonde yo estava Andrés Dorantes y Estevanico, y dixéronme cómo dexavan a Castillo con otros indios que se llamavan Anagados y que estavan cerca de allí, y
que avían passado mucho trabajo y que avían andado perdidos. Y que otro día adelante nuestros indios se mudaron hazia
donde Castillo estava, e ivan a juntarse con los que lo tenían y
hazerse amigos unos de otros, porque hasta allí avían tenido
guerra, y desta manera cobramos a Castillo. En todo el tiempo
que comíamos las tunas teníamos sed, y para remedio desto
bevíamos el çumo de las tunas y sacávamoslo en un hoyo que
en la tierra hazíamos, y desque estava lleno bevíamos dél hasta
que nos hartávamos. Es dulce y de color de arrope; esto hazen
por falta de otras vasijas. Ay muchas maneras de tunas y entre
ellas ay algunas muy buenas, aunque a mi todas me parescían
assí y nunca la hambre me dió espacio para escogerlas, ni parar
mientes en cuales eran mejores. Todas las más destas gentes beven agua llovediza y recogida en algunas partes, porque, aunque ay ríos, como nunca están de assiento nunca tienen agua
conoscida ni señalada. Por toda la tierra ay muy grandes y her-

79. E. V. mía.

mosas dehesas y de muy buenos pastos para ganados, e parésceme que sería tierra muy fructífera si fuesse labrada y habitada de gente de razón. No vimos sierra en toda ella en tanto que en ella estuvimos. Aquellos indios nos dixeron que otros estavan más adelante, llamados Camones, que viven hazia la costa, y avían muerto toda la gente que venía en la varca de Peñalosa y Tellez, y que venían tan flacos que aunque los matavan no se deffendían, y assí los acabaron todos, y nos mostraron ropas y armas dellos y dixeron que la varca estava allí al través. Esta es la quinta varca que faltava, porque la del governador ya diximos como la mar la llevó, y la del contador y los frailes la avían visto echada al través en la costa, y Esquivel contó el fin dellos. Las dos en que Castillo e yo e Dorantes ívamos ya hemos contado cómo junto a la isla de Malhado se hundieron.

Capítulo veinte
De cómo nos huimos

Después de avernos mudado, desde a dos días nos encomendamos a Dios Nuestro Señor y nos fuimos huyendo, confiando que aunque era ya tarde y las tunas se acabavan, con los frutos que quedarían en el campo podríamos andar buena parte de tierra. Yendo aquel día nuestro camino con harto temor que los indios nos avían de seguir, vimos unos humos e, yendo a ellos, después de vísperas llegamos allá, do vimos un indio que, como vió que ívamos a él, huyó sin querernos aguardar; nosotros embiamos al negro tras dél, y como vio que iva solo, aguardólo. El negro le dixo que ívamos a buscar aquella gente que hazía aquellos humos. Él respondió que cerca de allí estavan las casas, y que nos guiaría allá, y assí lo fuimos siguiendo y él corrió a dar aviso de cómo ívamos, e a puesta del sol vimos las casas e, dos tiros de vallesta antes que llegássemos a ellas, hallamos cuatro indios que nos esperavan y nos rescibieron bien. Dixímosles en lengua de Mareames que ívamos a buscallos, e ellos mostraron que se holgavan con nuestra compañía, e ansí nos llevaron a sus casas, e a Dorantes e al negro aposentaron en casa de un físico, e a mí e a Castillo en casa de otro. Estos tienen otra lengua e llámanse Avavares, e son aquellos que solían llevar los arcos a los nuestros e ivan a contratar con ellos, y aunque son de otra nación y lengua, entienden la lengua de aquellos con quien antes estávamos, y aquel mismo día avían llegado allí con sus casas. Luego el pueblo nos ofresció muchas tunas, porque ya ellos tenían noticia de nosotros, y cómo curávamos y de las maravillas que Nuestro Señor con nosotros obrava, que aunque no oviera otras, harto grandes eran abrirnos caminos por tierra tan despoblada y darnos gente por donde muchos tiempos no la avía, y librarnos de tantos peligros y no permitir que nos matassen, y substentarnos con tanta hambre y poner aquellas gentes en coraçón que nos tratassen bien, como adelante diremos.

CAPÍTULO VEINTE Y UNO
De cómo curamos aquí unos dolientes

Aquella misma noche que llegamos vinieron unos indios a Castillo y dixéronle que estavan muy malos de la cabeça, ruégandole que los curasse, y después que los hubo santiguado y encomendado a Dios, en aquel punto los indios dixeron que todo el mal se les avía quitado, y fueron a sus casas y truxeron muchas tunas y un pedaço de carne de venado, cosa que no sabíamos qué cosa era, y como ésto entre ellos se publicó, vinieron otros muchos enfermos en aquella noche a que los sanasse, y cada uno traía un pedaço de venado, y tantos eran que no sabíamos adónde poner la carne. Dimos muchas gracias a Dios porque cada día iva cresciendo su misericordia y mercedes. Y después

que se acallaron las curas, començaron a bailar y hazer sus areitos y fiestas hasta otro día que el sol salió, y duró la fiesta tres
días, por aver nosotros venido, y al cabo dellos les preguntamos
por la tierra de adelante y por la gente que en ella hallaríamos y
los mantenimientos que en ella avía. Respondiéronnos que por
toda aquella tierra avía muchas tunas, mas que ya eran acabadas, y que ninguna gente avía, porque todos eran idos a sus casas con aver ya cogido las tunas, y que la tierra era muy fría y en
ella avía muy pocos cueros. Nosotros, viendo esto, que ya el invierno y tiempo frío entrava, acordamos de passarlo con éstos.
A cabo de cinco días que allí avíamos llegado, se partieron a
buscar otras tunas a donde avía otra gente de otras nasciones y
lenguas. Y andadas cinco jornadas con muy grande hambre,
porque en el camino no avía tunas ni otra fruta ninguna, allega-
mos a un río[80] donde assentamos nuestras casas, y después de
assentadas fuimos a buscar una fruta de unos árboles, que es
como hieros, y como por toda esta tierra no ay caminos yo me
detuve más en buscarla, la gente se bolvió e yo quedé solo, y ve-
niendo a buscarlos aquella noche me perdí, y plugo a Dios que
hallé un árbol ardiendo y al fuego dél passé aquel frío aquella
noche, y a la mañana yo me cargué de leña y tomé dos tizones y
bolví a buscarlos, y anduve desta manera cinco días, siempre
con mi lumbre y carga de leña, porque si el fuego se me matasse en parte donde no tuviesse leña, como en muchas partes no
la avía, tuviesse de qué hazer otros tizones y no me quedasse sin
lumbre, porque para el frío yo no tenía otro remedio, por andar
desnudo como nascí; y para las noches yo tenía este remedio,
que me iva a las matas del monte que estava cerca de los ríos y
parava en ellas antes que el sol se pusiesse, y en la tierra hazía un
hoyo y en él echava mucha leña, que se cría en muchos árboles
de que por allí ay muy gran cantidad, e juntava mucha leña de la
que estava caída y seca de los árboles, y al derredor de aquel

80. El Colorado (Covey), el San Antonio o San Marcos Guadalupe (Hodge).

hoyo hazía cuatro fuegos en cruz, e yo tenía cargo y cuidado de rehacer el fuego de rato en rato, y hazía unas gavillas de paja larga que por allí ay, con que me cobría en aquel hoyo, e desta manera me amparava del frío de las noches, y una dellas el fuego cayó en la paja con que yo estava cubierto, y estando yo durmiendo en el hoyo, començó a arder muy rezio, e, por mucha priessa que yo me dí a salir, todavía saqué señal en los cabellos del peligro en que avía estado. En todo este tiempo no comí bocado, ni hallé cosa que pudiesse comer, y como traía los pies descalços, corrióme dellos mucha sangre. Y Dios usó comigo de misericordia, que en todo este tiempo no ventó el norte, porque de otra manera ningún remedio avía de yo vivir. Y a cabo de cinco días, llegué a una ribera de un río donde yo hallé a mis indios, que ellos y los christianos me contavan ya por muerto e siempre creían que alguna bívora me avía mordido. Todos ovieron gran placer de verme, principalmente los christianos, y me dixeron que hasta entonces avían caminado con mucha hambre, que ésta era la causa que no me avían buscado, y aquella noche me dieron de las tunas que tenían. Y otro día partimos de allí y fuimos donde hallamos muchas tunas con que todos satisfizieron su gran hambre. Y nosotros dimos muchas gracias a Nuestro Señor porque nunca nos faltava su remedio.

Capítulo veinte y dos[81]
Cómo otro día nos truxeron otros enfermos

Otro día, de mañana, vinieron allí muchos indios, y traían cinco enfermos que estavan tollidos y muy malos y venían en busca de Castillo que los curasse, e cada uno de los enfermos

---

81. A partir de este capítulo las referencias geográficas se hacen escasas e imprecisas. Charles Lummis cree que se dirigen hacia el sur, en dirección a Chihuahua.

ofresció su arco y flechas, y él los rescibió y, a puesta del sol, los santiguó y encomendó a Dios Nuestro Señor y todos le suplicamos con la mejor manera que podíamos les embiasse salud, pues él vía que no avía otro remedio para que aquella gente nos ayudasse y saliéssemos de tan miserable vida, y él lo hizo tan misericordiosamente que, venida la mañana, todos amanescieron tan buenos y sanos y se fueron tan rezios como si nunca ovieran tenido mal ninguno. Esto causó entre ellos muy gran admiración, y a nosotros despertó que diéssemos muchas gracias a Nuestro Señor, a que más enteramente conosciéssemos su bondad y tuviéssemos firme esperança que nos avía de librar y traer donde le pudiéssemos servir. Y de mí sé dezir que siempre tuve esperança en su misericordia que me avía de sacar de aquella captividad, y assí yo lo hablé siempre a mis compañeros. Como los indios fueron idos e llevaron sus indios sanos, partimos donde estavan otros comiendo tunas, y éstos se llaman Cutalches e Malicones, que son otras lenguas, y junto con ellos avía otros que se llamavan Coayos e Susolas, y de otra parte otros llamados Atayos, y éstos tenían guerra con los Susolas, con quien se flechavan cada día. Y como por toda la tierra no se hablasse sino en los misterios que Dios Nuestro Señor con nosotros obrava, venían de muchas partes a buscarnos para que los curássemos, y a cabo de dos días que allí llegaron, vinieron a nosotros unos indios de los Susolas e rogaron a Castillo que fuesse a curar un herido e otros enfermos, y dixeron que entre ellos quedava uno que estava muy al cabo. Castillo era médico muy temeroso, principalmente cuando las curas eran muy temerosas e peligrosas, e creía que sus peccados avían de estorvar que no todas vezes suscediesse bien el curar. Los indios me dixeron que yo fuesse a curarlos, porque ellos me querían bien e se acordavan que les avía curado en las nuezes e por aquello nos avían dado nuezes y cueros, y esto avía passado cuando yo vine a juntarme con los christianos, e assí huve de ir con ellos y fueron comigo Dorantes y Estevanico. Y cuando

llegué cerca de los ranchos que ellos tenían, yo ví el enfermo
que ívamos a curar, que estava muerto, porque estava mucha
gente al derredor dél llorando, y su casa deshecha, que es señal que el dueño estava muerto. Y ansí, quando yo llegué hallé el indio los ojos bueltos e sin ningún pulso, e con todas señales de muerto, según a mí me paresció, e lo mismo dixo
Dorantes. Yo le quité una estera que tenía encima con que estava cubierto, y lo mejor que pude supliqué a Nuestro Señor
fuesse servido de dar salud a aquél y a todos los otros que della tenían necessidad. Y después de santiguado e soplado muchas vezes, me traxeron su arco y me lo dieron y una sera de
tunas molidas, e lleváronme a curar otros muchos que estavan malos de modorra, y me dieron otras dos seras de tunas,
las cuales di a nuestros indios que con nosotros avían venido,
y, hecho esto, nos bolvimos a nuestro aposento, y nuestros indios a quien di las tunas se quedaron allá, y a la noche se bolvieron a sus casas y dixeron que aquel que estava muerto e yo
avía curado, en presencia dellos se avía levantado bueno y se
avía passeado y comido e hablado con ellos, e que todos
cuantos avía curado quedavan sanos y muy alegres. Esto causó muy gran admiración y espanto y en toda la tierra no se
hablava en otra cosa. Todos aquellos a quien esta fama llegava nos venían a buscar para que los curássemos y santiguássemos sus hijos. Y cuando los indios que estavan en compañía de los nuestros, que eran los Cutalchiches, se ovieron de ir
a su tierra, antes que se partiessen nos ofrescieron todas las
tunas que para su camino tenían, sin que ninguna les quedasse, y diéronnos pedernales tan largos como palmo y medio,
con que ellos cortan, y es entre ellos cosa de muy gran estima.
Rogáronnos que nos acordássemos dellos y rogássemos a
Dios que siempre estuviessen buenos, y nosotros se lo prometimos, y con esto partieron los más contentos hombres del
mundo, aviéndonos dado todo lo mejor que tenían. Nosotros
estuvimos con aquellos indios Avavares ocho meses, y esta
cuenta hazíamos por las lunas. En todo este tiempo nos ve-

nían de muchas partes a buscar y dezían que verdaderamente
nosotros eramos hijos del Sol. Dorantes y el negro hasta allí
no avían curado, mas por la mucha importunidad que teníamos viniéndonos de muchas partes a buscar, venimos todos a
ser médicos, aunque en atrevimiento y osar acometer cualquier cura era yo más señalado entre ellos, y ninguno jamás
curamos que no nos dixesse que quedava sano, y tanta con-
fiança tenían que avían de sanar si nosotros los curássemos,
que creían que en tanto que nosotros allí estuviéssemos ninguno dellos avía de morir. Estos y los de más atrás nos contaron una cosa muy estraña, y por la cuenta que nos figuraron
parescía que avía quinze o diez y seis años que avía acontescido, que dezían que por aquella tierra anduvo un hombre que
ellos llaman mala cosa, y que era pequeño de cuerpo y que tenía barvas, aunque nunca claramente le pudieron ver el rostro, y que cuando venía a la casa donde estavan, se les levan-
tavan los cabellos y temblavan y luego parescía a la puerta de
la casa un tizón ardiendo, e luego aquel hombre entrava y tomava al que quería dellos e dávale tres cuchilladas grandes
por las hijadas con un pedernal muy agudo, tan ancho como
una mano e dos palmos en luengo y metía la mano por aquellas cuchilladas y sacávales las tripas, y que cortava de una tri-
pa poco más o menos de un palmo y aquello que cortava
echava en las brasas; y luego le dava tres cuchilladas en un
braço, e la segunda dava por la sangradura y desconcertáva-
selo, y dende a poco se lo tornava a concertar y poníale las
manos sobre las heridas; y dezíannos que luego quedavan sanos, y que muchas vezes cuando bailavan aparescía entre
ellos, en hábito de muger unas vezes, y otras como hombre, e
cuando él quería tomava el buhío o casa y subíala en alto y
dende a un poco caía con ella y dava muy gran golpe. También nos contaron que muchas vezes le dieron de comer y que
nunca jamás comió, e que le preguntavan donde venía e a qué
parte tenía su casa, e aquel les mostró una hendedura de la
tierra e dixo que su casa era allá debaxo. Destas cosas que

ellos nos dezían nosotros nos reíamos mucho, burlando dellas, e como ellos vieron que no lo creíamos, truxeron muchos
de aquellos que dezían que él avía tomado y vimos las señales
de las cuchilladas que él avía dado en los lugares, en la manera que ellos contavan. Nosotros les diximos que aquel era un
malo, y de la mejor manera que podimos les dávamos a entender que, si ellos creyessen en Dios Nuestro Señor e fuessen
christianos como nosotros, no ternían miedo de aquel, ni él
osaría venir a hazelles aquellas cosas, y que tuviessen por cierto que, en tanto que nosotros en la tierra estuviéssemos, él no
osaría parescer en ella. Desto se holgaron ellos mucho, y perdieron mucha parte del temor que tenían. Estos indios nos dixeron que avían visto al Esturiano y a Figueroa con otros que
adelante en la costa estavan, a quien nosotros llamávamos de
los higos. Toda esta gente no conoscía los tiempos por el sol,
ni la luna, ni tienen cuenta del mes y año, y más entienden y
saben las differencias de los tiempos cuando las frutas vienen
a madurar, y en tiempo que muere el pescado, y el aparescer
de las estrellas, en que son muy diestros y exercitados. Con éstos siempre fuimos bien tratados, aunque lo que avíamos de
comer lo cavávamos, y traíamos nuestras cargas de agua y
leña. Sus casas y mantenimientos son como las de los passados, aunque tienen muy mayor hambre, porque no alcançan
maíz, ni vellotas, ni nueces. Anduvimos siempre en cueros
como ellos, y de noche nos cubríamos con cueros de venado.
De ocho meses que con ellos estuvimos, los seis padescimos
mucha hambre, que tampoco alcançan pescado. Y al cabo
deste tiempo ya las tunas començavan a madurar, y sin que
dellos fuéssemos sentidos nos fuemos a otros que adelante estavan, llamados Maliacones; éstos estavan una jornada de allí
donde yo y el negro llegamos. A cabo de los tres días embié
que traxesse a Castillo y a Dorantes. Y venidos nos partimos
todos juntos con los indios que ivan a comer una frutilla de
unos árboles, de que se mantienen diez o doze días, entre tanto que las tunas vienen. Y allí se juntaron con estos otros in-

dios que se llaman Arbadaos, y a éstos hallamos muy enfermos y flacos e hinchados, tanto que nos maravillamos mucho, y los indios con quien avíamos venido se bolvieron por el mismo camino. Y nosotros les diximos que nos queríamos quedar con aquellos, de que ellos mostraron pesar, y assí nos quedamos en el campo con aquellos cerca de aquellas casas. Y cuando ellos nos vieron, juntáronse después de aver hablado entre sí, y cada uno dellos tomó el suyo por la mano y nos llevaron a sus casas. Con éstos padescimos más hambre que con los otros, porque en todo el día no comíamos más de dos puños de aquella fruta, la cual estava verde; tenía tanta leche que nos quemava las bocas, y con tener falta de agua dava mucha sed a quien la comía. Y como la hambre fuesse tanta, nosotros comprámosles dos perros y a trueco dellos les dimos unas redes y otras cosas e un cuero con que yo me cubría. Ya he dicho cómo por toda esta tierra anduvimos desnudos, y como no estávamos acostumbrados a ello, a manera de serpientes mudávamos los cueros dos vezes en el año, y con el sol y aire hazíansenos en los pechos e en las espaldas unos empeines muy grandes, de que rescebíamos muy gran pena por razón de las muy grandes cargas que traíamos, que eran muy pesadas y hazían que las cuerdas se nos metían por los braços. Y la tierra es tan áspera y tan cerrada, que muchas vezes hazíamos leña en montes, que, cuando la acabávamos de sacar, nos corría por muchas partes sangre, de las espinas y matas con que topávamos, que nos rompían por donde alcançavan. A las vezes me acontesció hacer leña donde después de averme costado mucha sangre no la podía sacar, ni acuestas, ni arrastrando. No tenía, cuando en estos trabajos me vía, otro remedio ni consuelo sino pensar en la passión de nuestro redemptor Jesuchristo y en la sangre que por mí derramó, e considerar cuánto más sería el tormento que de las espinas él padesció, que no aquel que yo entonces sufría. Contratava con estos indios haziéndoles peines, y con arcos e con flechas e con redes. Hazíamos esteras, que son cosas de que ellos tienen mucha necessidad e, aunque lo saben hazer, no quieren ocuparse en nada, por buscar entretanto que comer. Y cuando entienden en esto passan muy gran hambre. Otras vezes me mandavan raer cueros y ablandarlos. Y la mayor prosperidad en que yo allí me vi era el día que me davan a raer alguno, porque yo lo raía muy mucho y comía de aquellas raeduras y aquello me bastava para dos o tres días. También nos acontesció, con éstos y con los que atrás avemos dexado, darnos un pedaço de carne y comérnoslo así crudo, porque si lo pusiéramos a assar, el primer indio que llegava se lo llevava y comía; parescíanos que no era bien ponerla en esta ventura, y también nosotros no estávamos tales que nos dávamos pena comerlo asado e no lo podíamos también passar como crudo. Esta es la vida que allí tuvimos, y aquel poco substentamiento lo ganávamos con los rescates que por nuestras manos hezimos.

Capítulo veinte y tres
Cómo nos partimos después de aver comido los perros

Después que comimos los perros, paresciéndonos que teníamos algún esfuerço para poder ir adelante, encomendándonos a Dios Nuestro Señor para que nos guíasse, nos despedimos de aquellos indios y ellos nos encaminaron a otros de su lengua que estavan cerca de allí. E yendo por nuestro camino llovió, e todo aquel día anduvimos con agua, y allende desto perdimos el camino e fuimos a parar a un monte muy grande[82] e cogimos muchas hojas de tunas e assámoslas aquella noche en un horno que hezimos, e dímosles tanto fuego que a la mañana estavan para comer. Y después de averlas comido, encomendámonos a Dios y partímonos, y hallamos el camino que perdido avíamos.

---

82. La zona comprendida entre el Concho y el Colorado.

Y, passado el monte, hallamos otras casas de indios y llegados allá vimos dos mugeres y mochachos que se espantaron, que andavan por el monte y en vernos huyeron de nosotros, y fueron a llamar a los indios que andavan por el monte. Y venidos, paráronse a mirarnos detrás de unos árboles, y llamámosles y allegáronse con mucho temor, y después de averlos hablado nos dixeron que tenían mucha hambre, y que cerca de allí estavan muchas casas dellos proprios y dixeron que nos llevarían a ellas. Y aquella noche llegamos adonde avía cincuenta casas y se espantavan de vernos y mostravan mucho temor. Y después que estuvieron algo asossegados de nosotros, allegávannos con las manos al rostro y al cuerpo, y después traían ellos sus mismas manos por sus caras y sus cuerpos. Y assí estuvimos aquella noche y, venida la mañana, traxéronnos los enfermos que tenían, rogándonos que los santiguássemos, y nos dieron de lo que tenían para comer, que eran hojas de tunas y tunas verdes asadas. Y por el buen tratamiento que nos hazían, y porque aquello que tenían nos lo davan de buena gana y voluntad e holgavan de quedar sin comer por dárnoslo, estuvimos con ellos algunos días. Y estando allí vinieron otros de más adelante. Cuando se quisieron partir, diximos a los primeros que nos queríamos ir con aquellos. A ellos les pesó mucho, y rogáronnos muy ahincadamente que no nos fuéssemos, y al fin nos despedimos dellos y los dexamos llorando por nuestra partida, porque les pesava mucho en gran manera.

Capítulo veinte y cuatro
De las costumbres de los indios de aquella tierra

Desde la isla de Malhado, todos los indios que hasta esta tierra vimos tienen por costumbre, desde el día que sus mugeres se sienten preñadas, no dormir juntos hasta que passen dos años que han criado los hijos, los cuales maman hasta que

son de edad de doze años, que ya entonces están en edad
que por sí saben buscar de comer. Preguntámosles que porque los criavan assí y dezían que por la mucha hambre que
en la tierra avía, que acontescía muchas veces, como nosotros víamos, estar dos o tres días sin comer, e a las vezes
cuatro, y por esta causa los dexavan mamar porque en los
tiempos de hambre no muriessen, e ya que algunos esca-
passen, saldrían muy delicados y de pocas fuerças. Y si acaso acontesce caer enfermos algunos, déxanlos morir en
aquellos campos si no es hijo, y todos los demás, si no pueden ir con ellos, se quedan; mas, para llevar un hijo o hermano, se cargan y lo llevan acuestas. Todos estos acostum-
bran dexar sus mugeres cuando entre ellos no ay conformidad, y se tornan a casar con quien quieren; esto es entre los
mancebos; mas los que tienen hijos permanescen con sus
mugeres y no las dexan. Y cuando en algunos pueblos riñen y travan cuistiones unos con otros, apuñéanse y apa-
léanse hasta que están muy cansados, y entonces se desparten; algunas vezes los desparten mugeres entrando entre
ellos, que hombres no entran a despartirlos, y por ninguna
passión que tengan no meten en ella arcos, ni flechas. Y
después se han apuñeado y passado su cuistión, toman sus
casas y mugeres y vanse a vivir por los campos y apartados
de los otros, hasta que se les passa el enojo. Y cuando ya están desenojados y sin ira, tórnanse a su pueblo y de aí adelante son amigos como si ninguna cosa oviera passado entre ellos, ni es menester que nadie haga las amistades,
porque desta manera se haze. Y si los que riñen no son ca-
sados, vanse a otros sus vezinos y, aunque sean sus enemigos, los resciben bien, y se huelgan mucho con ellos y les
dan de lo que tienen, de suerte que, cuando es passado el
enojo, buelven a su pueblo y vienen ricos. Toda es gente de
guerra y tienen tanta astucia para guardarse de sus enemigos como ternían si fuessen criados en Italia y en continua
guerra. Cuando están en parte que sus enemigos los pue-

den ofender, assientan sus casas a la orilla del monte más
aspero y de mayor espessura que por allí hallan, y junto a él
hazen un fosso y en éste duermen. Toda la gente de guerra
está cubierta con leña menuda y hazen sus saeteras, y están
tan cubiertos y dissimulados que aunque estén cabe ellos
no los veen. Y hazen un camino muy angosto y entra hasta
en medio del monte y allí hazen lugar para que duerman las
mugeres y niños, y cuando viene la noche encienden lum-
bres en sus casas para que si oviere espías crean que están
en ellas. Y antes del alva tornan a encender los mismos fuegos, y si acaso los enemigos vienen a dar en las mismas casas, los que están en el fosso salen a ellos y hazen desde las
trincheas mucho daño sin que los de fuera los vean ni los
puedan hallar. Y cuando no ay montes en que ellos puedan
desta manera esconderse y hazer sus celadas, assientan en
llano en la parte que mejor les paresce, y cércanse de trincheas cubiertas con leña menuda y hazen sus saeteras con
que flechan a los indios, y estos reparos hazen para de noche. Estando yo con los de Aguenes, no estando avisados,
vinieron sus enemigos a media noche e dieron en ellos, y
mataron tres e hirieron otros muchos, de suerte que huyeron de sus casas por el monte adelante, y desque sintieron
que los otros se avían ido, bolvieron a ellas y recogieron todas las flechas que los otros les avían echado, y lo más encu-
biertamente que pudieron, los siguieron y estuvieron aquella noche sobre sus casas sin que fuessen sentidos, y al cuarto del alva les acometieron y les mataron cinco, sin muchos
otros que fueron heridos, y los hizieron huir e dexar sus casas y arcos con toda su hazienda. Y de aí a poco tiempo vinieron las mugeres de los que se llamavan Quevenes y entendieron entre ellos y los hizieron amigos, aunque algunas
vezes ellas son principio de la guerra. Todas estas gentes
cuando tienen enemistades particulares, cuando no son de
una familia, se matan de noche por assechanças y usan
unos con otros grandes crueldades.

Capítulo veinte y cinco
Cómo los indios son prestos a un arma

Esta es la más presta gente para un arma de cuantas yo he visto en el mundo, porque si se temen de sus enemigos, toda la noche están despiertos con sus arcos a par de sí y una dozena de flechas, y el que duerme tienta su arco y, si no le halla en cuerda, le da la buelta que ha menester. Salen muchas vezes fuera de las casas, baxados por el suelo de arte que no pueden ser vistos, y miran y atalayan por todas partes para sentir lo que ay, y, si algo sienten, en un punto son todos en el campo con sus arcos y flechas, y así están hasta el día corriendo a unas partes y otras donde veen que es menester o piensan que pueden estar sus enemigos. Cuando viene el día, tornan a afloxar sus arcos hasta que salen a caça. Las cuerdas de los arcos son niervos[83] de venados. La manera que tienen de pelear es abaxados por el suelo, y mientras se flechan andan hablando y saltando, siempre de un cabo para otro, guardándose de las flechas de sus enemigos, tanto que en semejantes partes pueden rescebir muy poco daño de ballestas y arcabuzes, antes los indios burlan dellos, porque estas armas no aprovechan para ellos en campos llanos adonde ellos andan sueltos; son buenas para estrechos y lugares de agua; en todo lo demás, los cavallos son los que han de sojuzgar y lo que los indios universalmente temen. Quien contra ellos oviere de pelear, a de estar muy avisado que no le sientan flaqueza, ni codicia de lo que tienen. Y, mientras durare la guerra, hánlos de tratar muy mal, porque si temor les conocen o alguna cobdicia, ella es gente que sabe conoscer tiempos en que vengarse y toman esfuerço del temor de los contrarios. Cuan-

83. Nervios.

do se han flechado en la guerra y gastado su munición, buélvense cada uno su camino sin que los unos sigan a los otros, aunque los unos sean muchos y los otros pocos, y ésta es costumbre suya. Muchas vezes se passan de parte a parte con las flechas y no mueren de las heridas si no toca en las tripas o en el coraçón, antes sanan presto. Veen y oyen más y tienen más agudo sentido que cuantos hombres yo creo que ay en el mundo. Son grandes sufridores de hambre y de sed y de frío, como aquellos que están más acostumbrados y hechos a ello que otros. Esto he querido contar porque, allende que todos los hombres dessean saber las costumbres y exercicios de los otros, los que algunas vezes se vinieren a ver con ellos estén avisados de sus costumbres y ardides, que suelen no poco aprovechar en semejantes casos.

Capítulo veinte y seis
De las nasciones y lenguas

También quiero contar sus nasciones y lenguas que desde la isla de Malhado hasta los últimos ay. En la isla Malhado ay dos lenguas: los unos llaman de Caoques y a los otros llaman de Han. En la tierra firme, enfrente de la isla, ay otros que se llaman de Chorruco, y toman el nombre de los montes donde viven. Adelante, en la costa de la mar, habitan otros que se llaman Doguenes. Y enfrente dellos, otros que tienen por nombre los de Mendica. Más adelante, en la costa, están los Quevenes. Y enfrente dellos, dentro en la tierra firme, los Mariames, e yendo por la costa adelante están otros que se llaman Guaycones. Y enfrente destos, dentro en la tierra firme, los Yguazes. Cabo destos están otros que se llaman Atayos, y detrás destos otros Acubadaos, y destos ay muchos por esta vereda adelante. En la costa viven otros llamados Quitoles. Y enfrente destos, dentro en la tierra firme, los Avavares. Con

éstos se juntan los Maliacones, y otros *Cutalchiches,* y otros
que se llaman Susolas, y otros que se llaman Comos, y adelante en la costa están los Camoles, y en la misma costa adelante otros a quien nosotros llamamos los de los higos. Todas
estas gentes tienen habitaciones y pueblos y lenguas diversas.
Entre éstos, ay una lengua en que llaman a los hombres por
mira aca, arre aca; a los perros, xo; en toda la tierra se emborrachan con un humo[84] y dan cuanto tienen por él. Beven
también otra cosa que sacan de las hojas de los árboles como
de enzina, y tuéstanla en unos botes al fuego, y después que
la ticnen tostada hinchen el bote de agua, y así lo tienen sobre el fuego, e cuando ha hervido dos veces, échanle en una
vasija y están enfriándola con media calabaça, y cuando está
con mucha espuma bévenla tan caliente cuanto pueden sufrir, y desde que la sacan del bote hasta que la beven están
dando bozes diziendo que quién quiere bever. Y cuando las
mugeres oyen estas bozes luego se paran sin osarse mudar, y
aunque estén mucho cargadas no osan hazer otra cosa. Y si
acaso alguna dellas se mueve, la deshonrran y la dan de palos y con muy gran enojo derraman el agua que tienen para
bever, y la que han bevido la tornan a lançar, lo cual ellos hazen muy ligeramente y sin pena alguna. La razón de la costumbre dan ellos y dizen. Que, si cuando ellos quieren bever
aquella agua las mugeres se mueven de donde les toma la
boz, que en aquella agua se les mete en el cuerpo una cosa
mala y que dende a poco les haze morir. Y todo el tiempo
que el agua esta coziendo a de estar el bote atapado. Y si acaso está desatapado y alguna muger passa, lo derrama y no
beven más de aquella agua; es amarilla, y están beviéndola
tres días sin comer, y cada día beve cada uno arroba y media
della. Y cuando las mugeres están con su costumbre no buscan de comer más de para sí solas, porque ninguna otra persona come de lo que ella trae. En el tiempo que assí estava

84. Sustancia alucinógena, el *Ilex cassine.*

entre éstos ví una diablura, y es que ví un hombre casado con otro, y esto son unos hombres amarionados, impotentes, y andan tapados como mugeres y hazen officio de mugeres y tiran arco y llevan muy gran carga; y entre éstos vimos muchos dellos, así amarionados como digo, y son más membrudos que los otros hombres y más altos; sufren muy grandes cargas.

Capítulo veinte y siete
De cómo nos mudamos y fuimos bien rescebidos

Después que nos partimos de los que dexamos llorando, fuímonos con los otros a sus casas, y de los que en ellas estavan fuimos bién rescebidos y truxeron sus hijos para que les tocássemos las manos, y dávannos mucha harina de mezquíquez[85]. Este mezquíquez es una fruta que cuando está en el árbol es muy amarga y es de la manera de algarrovas, y cómese con tierra y con ella está dulce y bueno de comer. La manera que tienen con ella es ésta: que hazen un hoyo en el suelo, de la hondura que cada uno quiere, y después de echada la fruta en este hoyo, con un palo tan gordo como la pierna y de braça y media en largo la muelen hasta muy molida y demás que se le pega de la tierra del hoyo traen otros puños y échanla en el hoyo e tornan otro rato a moler y después échanla en una vasija de manera de una espuerta y échanle tanta agua que basta a cubrirla, de suerte que quede agua por cima, y el que la ha molido pruévala, y si le paresce que no está dulce pide tierra y rebuélvela con ella, y esto haze hasta que la halla dulce, y assiéntanse todos alrededor y cada uno mete la mano y saca lo que puede, y las pepitas dellas tornan a

---

85. Puede tratarse de la leguminosa *Inga fagifolia*. Hodge cree que es la *Prosopis juliflora*.

echar sobre unos cueros, y las cáxcaras. Y el que lo ha molido las
coge y las torna a echar en aquella espuerta y echa agua como de
primero, y tornan a expremir el çumo y agua que dello sale, y
las pepitas y cáxcaras tornan a poner en el cuero, y desta manera hazen tres o cuatro vezes cada moledura. Y los que en este
banquete, que para ellos es muy grande, se hallan, quedan las
barrigas muy grandes de la tierra y agua que han bevido. Y
desto nos hicieron los indios muy gran fiesta y ovo entre ellas
muy grandes bailes y areitos en tanto que allí estuvimos. Y
cuando de noche durmíamos a la puerta del rancho donde
estávamos, nos velavan a cada uno de nosotros seis hombres
con gran cuidado, sin que nadie nos osasse entrar dentro hasta que el sol era salido. Cuando nosotros nos quisimos partir
dellos, llegaron allí unas mugeres de otros que vivían adelante, e informados dellas dónde estavan aquellas casas nos partimos para allá, aunque ellos nos rogaron mucho que por
aquel día nos detuviéssemos, porque las casas adonde ívamos
estavan lexos y no avía camino para ellas, y que aquellas mugeres venían cansadas, y descansando otro día se irían con
nosotros y nos guiarían; y ansí nos despedimos. Y dende a
poco las mugeres que avían venido, con otras del mismo pueblo, se fueron tras nosotros; mas como por la tierra no avía
caminos, luego nos perdimos y ansí anduvimos cuatro leguas
y al cabo dellas llegamos a bever a un agua[86] adonde hallamos
las mugeres que nos seguían, y nos dixeron el trabajo que
avían passado por alcançarnos. Partimos de allí llevándolas
por guía, y passamos un río cuando ya vino la tarde, que nos
dava el agua a los pechos; sería tan ancho como el de Sevilla[87] y
corría muy mucho. Y a puesta del sol llegamos a cien casas de
indios y antes que llegássemos salió toda la gente que en ellas
avía a rescebirnos, con tanta grita que era espanto, y dando en

---

86. Big Spring, Texas, cree C. Covey.
87. El Concho (Covey) o el Colorado (Hodge).

los muslos grandes palmadas; traían las calabaças horada-
das, con piedras dentro, que es la cosa de mayor fiesta y no
las sacan sino a bailar, o para curar, ni las osa nadie tomar
sino ellos, y dizen que aquellas calabaças tienen virtud y que
vienen del cielo, porque por aquella tierra no las ay, ni saben
donde las aya, sino que las traen los ríos cuando vienen de
avenida. Era tanto el miedo y turbación que éstos tenían,
que por llegar más presto los unos que los otros a tocarnos
nos apretaron tanto que por poco nos ovieran de matar, y
sin dexarnos poner los pies en el suelo nos llevaron a sus casas, y tantos cargavan sobre nosotros y de tal manera nos
apretavan, que nos metimos en las casas que nos tenían hechas, y nosotros no consentimos en ninguna manera que
aquella noche hiziessen más fiesta con nosotros. Toda aquella noche passaron entre sí en areitos y bailes, y otro día de
mañana nos traxeron toda la gente de aquel pueblo para que
los tocássemos y santiguássemos, como avíamos hecho a los
otros con quien avíamos estado. Y después desto hecho, dieron muchas flechas a las mugeres del otro pueblo que avían
venido con las suyas. Otro día partimos de allí y toda la gente del pueblo fue con nosotros, y, como llegamos a otros indios, fuimos bien rescebidos, como de los passados, y ansí
nos dieron de lo que tenían y los venados que aquel día
avían muerto. Y entre éstos vimos una nueva costumbre, y
es que los que venían a curarse, los que con nosotros estavan
les tomavan el arco y las flechas y çapatos y cuentas, si las
traían, y después de averlas tomado nos las traían delante de
nosotros para que los curássemos, y curados se ivan muy
contentos diciendo que estavan sanos. Ansí nos partimos
de aquellos y nos fuimos a otros de quien fuimos muy bien
rescebidos y nos traxeron sus enfermos, que santiguándolos dezían que estavan sanos, y el que no sanava creía que
podíamos sanarle, y con lo que los otros que curávamos les
dezían, hazían tantas alegrías y bailes que no nos dexavan
dormir.

CAPÍTULO VEINTE Y OCHO
De otra nueva costumbre

Partidos destos, fuimos a otras muchas casas, y desde aquí
començó otra nueva costumbre, y es que rescibiéndonos muy
bien, que los que ivan con nosotros los començaron a hazer
tanto mal que les tomavan las haziendas, y les saqueavan las
casas sin que otra cosa ninguna les dexassen; desto nos pesó
mucho, por ver el mal tratamiento que a aquéllos que tan bien
nos rescebían se hazía[88]. Y también porque temíamos que
aquello sería o causaría alguna alteración y escándalo entre
ellos; mas como no éramos parte para remediarlo, ni para
osar castigar los que esto hazían, y ovimos por entonces de
sufrir hasta que más autoridad entre ellos tuviéssemos, y
también los indios mismos que perdían la hazienda, conos-
ciendo nuestra tristeza, nos consolaron diziendo que de
aquello no rescibiéssemos pena, que ellos estavan tan contentos de avernos visto que davan por bien empleadas sus haziendas, y que adelante serían pagados de otros que estavan
muy ricos. Por todo este camino teníamos muy gran trabajo
por la mucha gente que nos seguía, y no podíamos huir della
aunque lo procurávamos, porque era muy grande la priessa
que tenían por llegar a tocarnos, y era tanta la importunidad
de ellos sobre ésto, que passavan tres horas que no podíamos
acabar con ellos que nos dexassen. Otro día nos traxeron toda
la gente del pueblo, y la mayor parte dellos son tuertos de nu-
ves, y otros dellos son ciegos dellas mismas, de que estávamos
espantados. Son muy bien dispuestos y de muy buenos ges-
tos, más blancos que otros ningunos de cuantos hasta allí
avíamos visto. Aquí empeçamos a ver sierras[89] y parescía que
venían seguidas de hazia el mar del Norte, y assí, por la relación

88. E. V. hazían.
89. Se refiere a las montañas situadas entre el Concho y el Pecos (Covey).

que los indios desto nos dieron, creemos que están quinze leguas de la mar. De aquí nos partimos con estos indios hazia estas sierras que dezimos, y lleváronnos por donde estavan unos parientes suyos, porque ellos no nos querían llevar sino por do habitavan sus parientes, y no querían que sus enemigos alcançassen tanto bien como les parescía que era vernos. Y cuando fuimos llegados, los que con nosotros ivan saquearon a los otros, y como sabían la costumbre, primero que llegássemos escondieron algunas cosas, y después que nos ovieron rescebido con muchas fiestas y alegrías, sacaron lo que avían escondido y viniéronnoslo a presentar. Y esto era cuentas y almagra y algunas taleguillas de plata[90]. Nosotros, según la costumbre, dímoslo luego a los indios que con nos venían, y cuando nos los ovieron dado començaron sus bailes y fiestas, y embiaron a llamar otros de otro pueblo que estava cerca de allí, para que nos viniessen a ver, y a la tarde vinieron todos y nos traxeron cuentas y arcos y otras cosillas que también repartimos. Y otro día, queriéndonos partir, toda la gente nos quería llevar a otros amigos suyos que estavan a la punta de las sierras, y dezían que allí avía muchas casas y gente e que nos darían muchas cosas; mas por ser fuera de nuestro camino, no quesimos ir a ellos, y tomamos por lo llano cerca de las sierras, las cuales creíamos que no estavan lexos de la costa. Toda la gente della es muy mala, y teníamos por mejor de atravessar la tierra, porque la gente que está más metida adentro es más bien acondicionada y tratávannos mejor, y teníamos por cierto que hallaríamos la tierra más poblada y de mejores mantenimientos. Lo último, hazíamos ésto porque atravesando la tierra víamos muchas particularidades della, porque si Dios Nuestro Señor fuesse servido de

90. Oviedo muestra su desacuerdo. «Dice esta postrera relación que los indios, en ciertas partes, les dieron a estos cristianos, Cabeza de Vaca y sus compañeros, unas taleguillas de plata, y es error del impresor, pues que había de decir taleguillos de margarita» (*Historia general...*, p. 317).

sacar alguno de nosotros y traerlo a tierra de christianos, pudiesse dar nuevas y relación della. Y como los indios vieron
que estávamos determinados de no ir por donde ellos nos en-
caminavan, dixéronnos que por donde nos queríamos ir no
avía gente, ni tunas, ni otra cosa alguna que comer, y rogáronnos que estuviéssemos allí aquel día, e ansí lo hizimos.
Luego ellos embiaron dos indios para que buscassen gente
por aquel camino que queríamos ir, y otro día nos partimos
llevando con nosotros muchos dellos y las mugeres ivan cargadas de agua, y era tan grande entre ellos nuestra autoridad
que ninguno osava bever sin nuestra licencia. Dos leguas de
allí topamos los indios que avían ido a buscar la gente e dixeron que no la hallavan, de lo cual los indios mostraron pesar
y tornáronnos a rogar que nos fuéssemos por la sierra. No lo
quesimos hazer, y ellos, como vieron nuestra voluntad, aunque con mucha tristeza, se despidieron de nosotros e se bolvieron el río abaxo a sus casas. Y nosotros caminamos por el
río arriba[91] y desde a un poco topamos dos mugeres cargadas, que, como nos vieron, pararon y descargáronse e traxéronnos de lo que llevavan, que era harina[92] de maíz, y nos dixeron que adelante en aquel río hallaríamos casas e muchas
tunas y de aquella harina. Y ansí nos despedimos dellas porque ivan a los otros donde avíamos partido. Y anduvimos
hasta puesta del sol, y llegamos a un pueblo de hasta veinte
casas, adonde nos rescibieron llorando y con grande tristeza
porque sabían ya que adonde quiera que llegávamos eran to-

---

91. Hallembeck se apoya en estas afirmaciones para reafirmarse en la
idea de que las referencias geográficas de los supervivientes eran imprecisas y basadas, esencialmente, en el mapa redactado por Alonso Álvarez de
Pineda, según su expedición en 1519, que colocaba la bahía de Matagor-
da a la altura del Mississippi.
92. C. Covey cree que puede tratarse de una mercancía que se comercia-
ba con los indios pueblos, aunque también ve como posible que fueran
pequeñas porciones de grano que los españoles no habían tenido ocasión
de vender.

dos saqueados y robados de los que nos acompañavan, y como nos vieron solos perdieron el miedo y diéronnos tunas y no otra cosa ninguna. Estuvimos allí aquella noche, y al alva, los indios que nos avían dexado el día passado, dieron en sus casas. Y como los tomaron descuidados y seguros, tomáronles cuanto tenían, sin que tuviessen lugar donde asconder ninguna cosa, de que ellos lloraron mucho, y los robadores, para consolarles, los dezían que eramos hijos del Sol y que teníamos poder para sanar los enfermos y para matarlos, y otras mentiras aún mayores que éstas. Como ellos las saben mejor hazer cuando sienten que les conviene, y dixéronles que nos llevasen con mucho acatamiento y tuviessen cuidado de no enojarnos en ninguna cosa y que nos diessen todo cuanto tenían y procurassen de llevarnos donde avía mucha gente, y que, donde llegássemos, robassen ellos y saqueasen[93] lo que los otros tenían, porque assí era costumbre.

Capítulo veinte y nueve
De cómo se robavan los unos a los otros

Después de averlos informado y señalado bien lo que avían de hazer, se bolvieron y nos dexaron con aquellos, los cuales, teniendo en la memoria lo que los otros les avían dicho, nos començaron a tratar con aquel mismo temor y reverencia que los otros, e fuimos con ellos tres jornadas y lleváronnos adonde avía mucha gente. Y antes que llegássemos a ellos, avisaron como ívamos y dixeron de nosotros todo lo que los otros les avían enseñado y añadieron mucho más, porque toda esta gente de indios son grandes amigos de novelas y muy menti-

93. E. V. saquease.

rosos, mayormente donde pretenden algún interesse. Y cuando llegamos cerca de las casas, salió toda la gente a rescebirnos con mucho plazer y fiesta, y entre otras cosas, dos físicos dellos nos dieron dos calabaças, y de aquí començamos a llevar calabaças con nosotros y añadimos a nuestra autoridad esta cerimonia que para con ellos es muy grande. Los que nos avían acompañado saquearon las casas, mas como eran muchas y ellos pocos no pudieron llevar todo cuanto tomaron y más de la mitad dexaron perdido, y de aquí por la halda de la sierra nos fuimos metiendo por la tierra adentro más de cincuenta leguas, y al cabo dellas hallamos cuarenta casas, y entre otras cosas que nos dieron ovo Andrés Dorantes un caxcavel gordo grande de cobre y en él figurado un rostro, y esto mostravan ellos que lo tenían en mucho y les dixeron que lo aviían avido de otros sus vezinos, e preguntándolos que dónde avían avido aquéllos, dixéronles que lo avían traído de hazia el Norte, y que allí avía mucho y era tenido en grande estima, y entendimos que do quiera que aquello avía venida avía fundición y se labrava de vaziado. Y con esto nos partimos otro día y travessamos una sierra de siete leguas, y las piedras della eran de escorias de hierro, y a la noche llegamos a muchas casas que estavan assentadas a la ribera de un muy hermoso río[94] y los señores dellas salieron a medio camino a rescebirnos con sus hijos acuestas, y nos dieron muchas taleguillas de margarita[95] y de alcohol molido[96]; con esto se untan ellos la cara; y dieron muchas cuentas y muchas mantas de vacas y cargaron a todos los que venían con nosotros de todo cuanto ellos tenían. Comían tunas e piñones; ay por aquella tierra pinos chicos y las piñas dellos[97] son como huevos pe-

---

94. El Colorado (Hodge) o el Tularosa (Covey).
95. Polvillos de pirita (margajita).
96. Polvo negro hecho con antimonio o galena. Llamado también «alcohol de alfareros».
97. E. V. dellas.

queños, mas los piñones son mejores que los de Castilla, porque tienen las cáxcaras muy delgadas y cuando están verdes muélenlos y házenlos pellas, y ansí los comen, y si están secos los muelen con cáxcaras y los comen hechos polvos. Y los que por allí nos rescebían, desque nos avían tocado bolvían corriendo hasta sus casas y luego davan buelta a nosotros, y no cessavan de correr yendo y viniendo. Desta manera traíannos muchas cosas para el camino. Aquí me traxeron un hombre e me dixeron que avía mucho tiempo que le avían herido con una flecha por el espalda derecha, y tenía la punta de la flecha sobre el coraçón; dezía que le dava mucha pena e que por aquella causa siempre estava enfermo. Yo le toqué y sentí la punta de la flecha vi que la tenía atravesada por la ternilla, y con un cuchillo que tenía le abrí el pecho hasta aquel lugar y vi que tenía la punta atravessada y estava muy mala de sacar; torné a cortar más y metí la punta del cuchillo y con gran trabajo en fin la saqué. Era muy larga y con un huesso de venado; usando de mi officio de medicina le di dos puntos, y dados se me desangrava, y con raspa de un cuero le estanqué la sangre e, cuando huve sacado la punta, pidiéronmela y yo se la di, y el pueblo todo vino a verla y la embiaron por la tierra adentro para que la viessen los que allá estavan, y por esto hizieron muchos bailes y fiestas como ellos suelen hazer. Y otro día le corté los dos puntos al indio y estava sano y no parescía la herida que le avía hecho sino como una raya de la palma de la mano, y dixo que no sentía dolor ni pena alguna. Y esta cura nos dio entre ellos tanto crédito por toda la tierra cuanto ellos podían y sabían estimar y encarescer. Mostrámosles aquel caxcavel que traíamos y dixéronnos que en aquel lugar de donde aquél avía venido avía muchas planchas de aquello enterradas, y que aquello era cosa que ellos tenían en mucho, y avía casas de assiento, y esto creemos nosotros que es la mar del Sur, que siempre tuvimos noticia que aquella mar es más rica que la del Norte. Destos nos partimos y anduvimos por tantas suertes de gentes y de tan diversas lenguas que no bas-

ta memoria a poderlas contar. Y siempre saqueavan los unos
a los otros, y assí los que perdían como los que ganavan quedavan muy contentos. Llevávamos tanta compañía que en
ninguna manera podíamos valernos con ellos. Por aquellos
valles donde ívamos, cada uno dellos llevava un garrote tan
largo como tres palmos, y todos ivan en ala y en saltando alguna liebre (que por allí avía hartas), cercávanla luego y caían
tantos garrotes sobre ella que era cosa de maravilla, y desta
manera la hazían andar de unos para otros, que a mi ver era
la más hermosa caça que se podía pensar; porque muchas vezes ellas se venían hasta las manos; y cuando a la noche pará-
vamos eran tantas las que nos avían dado, que traía cada uno
de nosotros ocho o diez cargas dellas. Y los que traían arcos
no parescían delante de nosotros, antes se apartavan por la
sierra a buscar venados y a la noche cuando venían traían
para cada uno de nosotros cinco o seis venados, y páxaros y
codornizes y otras caças; finalmente, todo cuanto aquella
gente hallavan y matavan nos lo ponían delante, sin que ellos
osassen tomar ninguna cosa, aunque muriessen de hambre,
que assí lo tenían ya por costumbre después que andavan
con nosotros, y sin que primero lo santiguássemos, y las mugeres traían muchas esteras de que ellos nos hazían casas,
para cada uno la suya aparte, y con toda su gente conoscida,
y cuando esto era hecho, mandávamos que asassen aquellos
venados y liebres y todo lo que avían tomado, y esto también
se hazía muy presto en unos hornos que para esto ellos hazían, y de todo ello nosotros tomávamos un poco, y lo otro dávamos al principal de la gente que con nosotros venía, man-
dándole que lo repartiese entre todos. Cada uno con la parte
que le cabía venían a nosotros para que la soplássemos y santiguássemos, que de otra manera no osaran comer della, y
muchas vezes traíamos con nosotros tres o cuatro mil personas y era tan grande nuestro trabajo que a cada uno avíamos
de soplar y santiguar lo que avían de comer y bever, y para
otras muchas cosas que querían hazer nos venían a pedir li-

cencia, de que se puede ver que tanta importunidad rescebíamos. Las mugeres nos traían las tunas y arañas y gusanos, y lo que podían aver, porque, aunque se muriessen de hambre, ninguna cosa avían de comer sin que nosotros la diéssemos. E yendo con éstos passamos un gran río[98] que venía del Norte: y passados unos llanos de treinta leguas hallamos mucha gente que de lexos de allí venía a rescebirnos, y salían al camino por donde avíamos de ir, e nos rescibieron de la manera de los passados.

Capítulo treinta
De cómo se mudó la costumbre del rescebirnos

Desde aquí ovo otra manera de rescebirnos, en cuanto toca al saquearse, porque los que salían de los caminos a traernos alguna cosa, a los que con nosotros venían no los robavan, mas después de entrados en sus casas ellos mismos nos ofrescían cuanto tenían, y las casas con ello; nosotros las dávamos a los principales para que entre ellos las partiessen, y siempre los que quedavan despojados nos seguían, de donde crescía mucha gente para satisfazerse de su pérdida: y decíanles que se guardassen y no escondiessen cosa alguna de cuantas tenían, porque no podía ser sin que nosotros lo supiéssemos, y haríamos luego que todos muriessen, porque el Sol nos lo dezía. Tan grandes eran los temores que les ponían, que los primeros días que con nosotros estavan nunca estavan sino temblando, e sin osar hablar, ni alçar los ojos al cielo. Estos nos guiaron por más de cincuenta leguas de despoblado de muy ásperas sierras, y por ser tan secas no avía caça en ellas, y por esto passamos mucha hambre, y al cabo un río muy grande[99],

98. El Pecos.
99. El Río Grande.

que el agua nos dava hasta los pechos, y desde aquí nos començó mucha de la gente que traíamos a adolesçer, de la mucha hambre y trabajo que por aquellas sierras avían passado,
que por extremo eran agras y trabajosas. Estos mismos nos
llevaron a unos llanos al cabo de las sierras, donde venían a
rescebirnos de muy lexos de allí, y nos rescibieron como los
passados e dieron tanta hazienda a los que con nosotros venían, que, por no poderla llevar, dexaron la mitad, y diximos
a los indios que lo avían dado que lo tornassen a tomar y lo
llevassen porque no quedasse allí perdido. Y respondieron
que en ninguna manera lo harían, porque no era su costumbre después de aver una vez ofrescido, tornarlo a tomar, y assí,
no lo teniendo en nada, lo dexaron todo perder. A éstos diximos que queríamos ir a la puesta del sol. Y ellos respondiéronnos que por allí estava la gente muy lexos. Y nosotros les
mandávamos que embiassen a hazerles saber cómo nosotros
ívamos allá, y desto se escusaron lo mejor que ellos podían,
porque ellos eran sus enemigos y no querían que fuéssemos a
ellos, mas no osaron hazer otra cosa. Y assí embiaron dos mugeres, una suya y otra que dellos tenían captiva, y embiaron éstas porque las mugeres pueden contratar aunque aya guerra. Y
nosotros las seguimos e paramos en un lugar donde estava
concertado que las esperássemos, mas ellas tardaron cinco
días, y los indios dezían que no devían de hallar gente. Dixímosles que nos llevassen hazia el Norte; respondieron de la
misma manera, diziendo que por allí no avía gente, sino muy
lexos, e que no avía qué comer, ni se hallava agua. Y con todo
esto nosotros porfiamos y diximos que por allí queríamos ir, y
ellos todavía se escusavan de la mejor manera que podían, y,
por esto, nos enojamos e yo me salí una noche a dormir en el
campo, apartado dellos, mas luego fueron donde yo estava, y
toda la noche estuvieron sin dormir y con mucho miedo y ha-
blándome y diziéndome cuán temorizados estavan, rogándonos que no estuviéssemos más enojados e que aunque ellos
supiessen morir en el camino nos llevarían por donde noso-

tros quisiéssemos ir. Y como nosotros todavía fingíamos estar enojados y porque su miedo no se quitasse, suscedió una cosa estraña, y fue que este día mesmo adolescieron muchos dellos y otro día siguiente murieron ocho hombres. Por toda la tierra donde esto se supo ovieron tanto miedo de nosotros, que parescía en vernos que de temor avían de morir. Rogáronnos que no estuviéssemos enojados, ni quisiéssemos que más dellos muriesen, y tenían por muy cierto que nosotros los matávamos con solamente quererlo. Y a la verdad nosotros rescebíamos tanta pena desto que no podía ser mayor, porque, allende de ver los que morían, temíamos que no muriessen todos, o nos dexassen solos, de miedo, y todas las otras gentes de aí adelante hiziessen lo mismo viendo lo que a éstos avía acontescido. Rogamos a Dios Nuestro Señor que lo remediasse, y ansí començaron a sanar todos aquellos que avían enfermado. Y vimos una cosa que fue de grande admiración, que los padres y hermanos y mugeres de los que murieron, de verlos en aquel estado tenían gran pena, y después de muertos ningún sentimiento hizieron, ni los vimos llorar, ni hablar unos con otros, ni hazer otra ninguna muestra, ni osavan llegar a ellos hasta que nosotros los mandábamos llevar a enterrar. Y más de quinze días que con aquellos estuvimos a ninguno vimos hablar uno con otro, ni los vimos reír, ni llorar a ninguna criatura, antes porque una lloró la llevaron muy lexos de allí y con unos dientes de ratón, agudos, la sajaron desde los hombros hasta casi todas las piernas. E yo, viendo esta crueldad y enojado dello, les pregunté que por qué lo hazían, e respondiéronme que para castigarla porque avía llorado delante de mí. Todos estos temores que ellos tenían ponían a todos los otros que nuevamente venían a conoscernos, a fin que nos diessen todo cuanto tenían, porque sabían que nosotros no tomávamos nada y lo avíamos de dar todo a ellos. Esta fue la más obediente gente que hallamos por esta tierra, y de mejor condición, y comúnmente son muy dispuestos. Convalescidos los dolientes e ya que avía tres días

que estávamos allí, llegaron las mugeres que avíamos embiado, diziendo que avían hallado muy poca gente y que todos
avían ido a las vacas, que era en tiempo dellas. Y mandamos a
los que avían estado enfermos que se quedassen, y los que estuviessen buenos fuessen con nosotros, y que dos jornadas de
allí aquellas mismas dos mugeres irían con dos de nosotros a
sacar gente y traerla al camino para que nos rescibiessen, e
con esto otro día, de mañana, todos los que más rezios estavan partieron con nosotros e a tres jornadas paramos, y el siguiente día partió Alonso del Castillo con Estevanico el negro
llevando por guía las dos mugeres, e la que dellas era captiva
los llevó a un río que corría entre unas sierras, donde estava
un pueblo en que su padre vivía, y éstas fueron las primeras
casas que vimos que tuviessen parescer y manera dello. Aquí
llegaron Castillo y Estevanico y, después de aver hablado con
los indios, a cabo de tres días vino Castillo adonde nos avía
dexado y traxo cinco o seis de aquellos indios y dixo cómo
avía hallado casas de gente e de assiento, y que aquella gente
comía frísoles y calabaças, y que avía visto maíz. Esta fue la
cosa del mundo que más nos alegró, y por ello dimos infinitas gracias a Nuestro Señor. Y dixo que el negro vernía con
toda la gente de las casas a esperar al camino cerca de allí. Y,
por esta causa, partimos, y andada legua y media topamos
con el negro y la gente que venían a rescebirnos para comer e
para traer agua, y mantas de vacas y otras cosas[100]. Y como
estas gentes y las que con nosotros venían eran enemigos y no
se entendían, partímonos de los primeros dándoles lo que
nos avían dado, e fuímonos con éstos y a seis leguas de allí, ya
que venía la noche llegamos a sus casas, donde hicieron muchas fiestas con nosotros. Aquí estuvimos un día, y el siguiente nos partimos, y llevámoslos con nosotros a otras casas de
assiento[101] donde comían lo mismo que ellos. Y de aí adelan-

---

100. E. V. cosa.
101. Casas de adobe y madera.

te ovo otro nuevo uso, que los que sabían de nuestra ida no salían a rescebirnos a los caminos, como los otros hazían, antes los hallávamos en sus casas y tenían hechas otras para nosotros, y estavan todos assentados y todos tenían bueltas las caras hazia la pared, y las cabeças baxas, y los cabellos puestos delante de los ojos, y su hazienda puesta en montón en medio de la casa. Y de aquí adelante començaron a darnos muchas mantas de cueros, y no tenían cosa que no nos diessen. Es la gente de mejores cuerpos que vimos y de mayor viveza e habilidad y que mejor nos entendían y respondían en lo que preguntávamos, y llamámoslos de las vacas, porque la mayor parte que dellas mueren es cerca de allí, y, por aquel río arriba, más de cincuenta leguas van matando muchas dellas. Esta gente andan del todo desnudos a la manera de los primeros que hallamos. Las mugeres andan cubiertas con unos cueros de venado, y algunos pocos de hombres, señaladamente los que son viejos que no sirven para la guerra. Es tierra muy poblada. Preguntámosles cómo no sembravan maíz; respondiéronnos que lo hazían por no perder lo que sembrassen, porque dos años arreo[102] les avían faltado las aguas, y avía sido el tiempo tan seco que a todos les avían perdido los maízes los topos, e que no osarían a sembrar sin que primero oviesse llovido mucho, y rogávannos que dixéssemos al cielo que lloviesse y se lo rogássemos y nosotros se lo prometimos de hacerlo ansí. También nosotros quesimos saber de dónde avían traído aquel maíz, y ellos nos dixeron que de donde el sol se ponía e que lo avía por toda aquella tierra, mas que lo más cerca de allí era por aquel camino. Preguntámosles por dónde iríamos bien y que nos informassen del camino porque no querían ir allá. Dixéronnos que el camino era por aquel río arriba hazia el Norte, e que en diez y siete jornadas no hallaríamos otra cosa ninguna que comer, sino una fruta

102. Dos años seguidos.

que llaman chacán[103], y que la machucan entre unas piedras
y aún después de hecha esta diligencia no se puede comer,
de áspera y seca, y assí era la verdad, porque allí nos lo mostraron y no lo podimos comer. Y dixéronnos también que
entre tanto que nosotros fuéssemos por el río arriba iríamos
siempre por gente que eran sus enemigos y hablavan su misma lengua, y que no tenían que darnos cosa a comer, mas
que nos rescibirían de muy buena voluntad y que nos darían muchas mantas de algodón y cueros y otras cosas de las
que ellos tenían; mas que todavía les parescía que en ninguna manera no devíamos tomar aquel camino. Dubdando lo
que haríamos y cuál camino tomaríamos que más a nuestro
propósito y provecho fuesse, nosotros nos detuvimos con
ellos dos días. Dávannos a comer frísoles y calabaças; la manera de cozerlas es tan nueva que por ser tal yo la quise aquí
poner para que se vea y se conozca cuán diversos y estraños
son los ingenios e industrias de los hombres humanos. Ellos
no alcançan ollas, y para cozer lo que ellos quieren comer
hinchen media calabaça grande de agua y en el fuego echan
muchas piedras, de las que más fácilmente ellos pueden encender, y toman el fuego, y cuando veen que están ardiendo
tómanlas con unas tenazas de palo y échanlas en aquella
agua que está en la calabaça hasta que la hazen hervir con el
fuego que las piedras llevan, y cuando veen que el agua hier-
ve echan en ella lo que han de cozer, y en todo este tiempo
no hazen sino sacar unas piedras y echar otras ardiendo
para que el agua hierva para cozer lo que quieren, y assí lo
cuezen[104].

<hr />

103. Escallonía resinosa.
104. Forma de cocer la calabaza que se extiende hasta la costa califor-
niana.

CAPÍTULO TREINTA Y UNO
De cómo seguimos el camino del maíz

Passados dos días que allí estuvimos determinamos de ir a buscar el maíz y no quesimos seguir el camino de las vacas porque es hazia el Norte. Y esto era para nosotros muy gran rodeo, porque siempre tuvimos por cierto que yendo la puesta del sol avíamos de hallar lo que desseávamos, y ansí seguimos nuestro camino y atravessamos toda la tierra hasta salir a la mar del Sur, e no bastó estorvarnos esto el temor que nos ponían de la mucha hambre que avíamos de passar (como a la verdad la passamos) por todas las diez y siete jornadas que nos avían dicho. Por todas ellas, el río arriba, nos dieron muchas mantas de vacas, y no comimos de aquella su fruta, mas nuestro mantenimiento era cada día tanto como una mano de unto de venado que para estas necessidades procurávamos siempre de guardar. Y ansí passamos todas las diez y siete jornadas, y al cabo dellas travessamos el río[105] y caminamos otras diez y siete. A la puesta del sol, por unos llanos y entre unas sierras muy grandes que allí se hazen, allí hallamos una gente[106] que la tercera parte del año no comen sino unos polvos de paja, y por ser aquel tiempo cuando nosotros por allí caminamos, ovímoslo también de comer, hasta que acabadas estas jornadas hallamos casas de assiento[107] adonde avía mucho maíz allegado, y dello y de su harina nos dieron mucha cantidad, y de calabaças e frísoles e mantas de algodón, y de todo cargamos a los que allí nos avían traído e con esto se bolvieron los más contentos del mundo. Nosotros dimos muchas gracias a Dios Nuestro Señor por avernos traído allí, donde avíamos hallado tanto

105. El Santa María en Chihuahua (Hodge) o el Rincón de Nuevo México (Covey).
106. Los indios opata, según Covey.
107. Indios pueblos.

mantenimiento. Entre estas casas avía algunas dellas que eran de tierra, y las otras todas son de esteras de cañas; y de aquí passamos más de cien leguas de tierra, y siempre hallamos casas de assiento y mucho mantenimiento de maíz y frísoles. Y dávannos muchos venados y muchas mantas de algodón mejores que las de la Nueva España. Dávannos también muchas cuentas y de unos corales que ay en la mar del Sur, muchas turquesas muy buenas que tienen de hazia el Norte, y finalmente dieron aquí todo cuanto tenían y a mí me dieron cinco esmeraldas hechas puntas de flechas, y con estas flechas hazen ellos sus areítos y bailes. Y paresciéndome a mí que eran muy buenas les pregunté que donde las avían avido, e dixeron que las traían de unas sierras muy altas que están hazia el Norte y las compravan a trueco de penachos y plumas de papagayos, y dezían que avía allí pueblos de mucha gente y casas muy grandes. Entre éstos vimos las mugeres más honestamente tratadas que a ninguna parte de Indias que oviéssemos visto. Traen unas camisas de algodón que llegan hasta las rodillas, e unas medias mangas encima dellas, de unas faldillas de cuero de venado sin pelo, que tocan en el suelo, e enxabónanlas con unas raízes[108] que alimpian mucho, y ansí las tienen muy bien tratadas; son abiertas por delante y cerradas con unas correas; andan calçados con çapatos. Toda esta gente venían a nosotros a que los tocássemos y santiguássemos y eran en esto tan importunos que con gran trabajo lo sufríamos, porque, dolientes y sanos, todos querían ir santiguados. Acontescía muchas vezes que de las mugeres que con nosotros ivan parían algunas, y luego en nasciendo nos traían la criatura a que la santiguássemos y tocássemos. Acompañávannos siempre hasta dexarnos entregados a otros, y entre todas estas gentes se tenían por muy cierto que veníamos del cielo.

108. Raíces de yuca.

Entre tanto que con estos anduvimos, caminamos todo el día sin comer hasta la noche, y comíamos tan poco que ellos se espantavan de verlo. Nunca nos sintieron cansancio, y, a la verdad, nosotros estávamos tan hechos al trabajo que tampoco lo sentíamos. Teníamos con ellos mucha autoridad y gravedad, y para conservar esto les hablávamos pocas vezes. El negro les hablava siempre, se informava de los caminos que queríamos ir y los pueblos que avía y de las cosas que queríamos saber. Passamos por gran número y diversidades de lenguas; con todas ellas Dios Nuestro Señor nos favoreció, porque siempre nos entendieron y les entendimos. Y, ansí, preguntávamos y respondían por señas como si ellos hablaran nuestra lengua y nosotros la suya, porque, aunque sabíamos seis lenguas, no nos podíamos en todas partes aprovechar dellas porque hallamos más de mil diferencias. Por todas estas tierras, los que tenían guerras con los otros se hazían luego amigos para venirnos a rescebir y traernos todo cuanto tenían, y desta manera dexamos toda la tierra en paz. Y diximosles por las señas, porque nos entendían, que en el cielo avía un hombre que llamávamos Dios, el cual avía criado el cielo y la tierra, y que éste adorávamos nosotros y teníamos por Señor y que hazíamos lo que nos mandava y que de su mano venían todas las cosas buenas, y que si ansí ellos lo hiziessen, les iría muy bien dello. Y tan grande aparejo hallamos en ellos, que si lengua oviera con que perfectamente nos entendiéramos, todos los dexáramos christianos. Esto les dimos a entender lo mejor que podimos, e de aí adelante, cuando el sol salía, con muy gran grita abrían las manos juntas al cielo y después las traían por todo su cuerpo, y otro tanto hazían cuando se ponía. Es gente bien acondicionada y aprovechada y para seguir cualquiera cosa bien aparejada.

Capítulo treinta y dos
De cómo nos dieron los coraçones de los venados

En el pueblo[109] donde nos dieron las esmeraldas, dieron a
Dorantes más de seiscientos coraçones de venado, abiertos,
de que ellos tienen siempre mucha abundancia para su mantenimiento, y por esto le pusimos nombre el pueblo de los Coraçones, y por él es la entrada para muchas provincias que están a la mar del Sur, y si los que la fueren a buscar por aquí no
entraren, se perderán, porque la costa no tiene maíz, y comen
polvo de bledo y de paja y de pescado, que toman en la mar
con balsas, porque no alcançan canoas. Las mugeres cubren
sus verguenças con hierva y paja. Es gente muy apocada y
triste. Creemos que cerca de la costa, por la vía de aquellos
pueblos que nosotros truximos, ay mas de mil lenguas de tierra poblada y tienen mucho mantenimiento, porque siembran tres vezes en el año frísoles y maíz. Ay tres maneras de venados: los de la una dellas son tamaños como novillos de Castilla; ay casas de assiento que llaman buíos, y tienen yerva, y
esto es de unos árboles al tamaño de mançanos e no es menester más de coger la fruta y untar la flecha con ella; y si no
tiene fruta, quiebran una rama y con la leche que tienen hazen lo mesmo. Ay muchos destos árboles que son tan ponço-
ñosos que, si majan las hojas dél e las lavan en alguna agua
allegada, todos los venados y cualesquier otro animales que
della beven rebientan luego. En este pueblo estuvimos tres
días, y a una jornada de allí[110] estava otro, en el cual nos tomaron tantas aguas que porque un río cresció mucho no lo podimos passar y nos detuvimos allí quinze días. En este tiempo,

---

109. Próximo al río Sonora, vecino del actual Hures, según Hodge. Zona
habitada por poblaciones del tronco Piman, dedicada a la agricultura.
110. Soyopa. El río sería el Yaqui (Covey). Para Hodge, el pueblo sería vecino a Hermosillo.

Castillo vió al cuello de un indio una hevilleta de talabarte de espada, y en ella cosido un clavo de herrar; tomósela y preguntámosle qué cosa era aquella, e dixéronnos que avían venido del cielo. Preguntámosle más que quién la avía traído de allá, e respondieron que unos hombres que traían barvas, como nosotros, que avían venido del cielo y llegado a aquel río, y que traían cavallos y lanças y espadas y que avían alanceado dos dellos. Y lo más dissimuladamente que podimos les preguntamos qué se avían hecho aquellos hombres, y respondiéronnos que se avían ido a la mar y que metieron las lanças por debaxo del agua, y que ellos se avían también metido por debaxo y que después los vieron ir por cima hazia puesta del sol. Nosotros dimos muchas gracias a Dios Nuestro Señor por aquello que oímos, porque estávamos desconfiados de saber nuevas de christianos, y por otra parte nos vimos en gran confusión y tristeza creyendo que aquella gente no sería sino algunos que avían venido por la mar a descubrir; mas al fin, como tuvimos tan cierta nueva dellos, dímonos más priessa a nuestro camino y siempre hallávamos más nueva de christianos. Y nosotros les decíamos que les ívamos a buscar pa[ra] decirles que no los matassen, ni tomassen por esclavos, ni los sacassen de sus tierras, ni les hiziessen otro mal ninguno, y desto ellos se holgavan mucho. Anduvimos mucha tierra y toda la hallamos despoblada, porque los moradores della andavan huyendo por las tierras, sin osar tener casas, ni labrar, por miedo de los christianos. Fue cosa de que tuvimos muy gran lástima, viendo la tierra muy fértil y muy hermosa y muy llana de aguas y de ríos, y ver los lugares despoblados y quemados y la gente tan flaca y enferma, huída y escondida toda[111] y como no sembravan, con tanta hambre se mantenían con cortezas de árboles y raízes. Desta hambre a nosotros

---

111. Todo este territorio recibe el nombre de Nueva Galicia. La actuación allí de Nuño de Guzmán había sido especialmente cruel.

alcançava parte en todo este camino, porque mal nos podían ellos proveer estando tan desventurados que parescía que se querían morir. Truxéronnos mantas de las que avían escondido por los christianos, y diéronnoslas, y aún contáronnos cómo otras vezes avían entrado los christianos por la tierra e avían destruído y quemado los pueblos y llevado la mitad de los hombres y todas las mugeres y muchachos, y que los que de sus manos se avían podido escapar andavan huyendo. Como los víamos tan atemorizados, sin osar parar en ninguna parte, y que ni querían ni podían sembrar, ni labrar la tierra, antes estavan determinados de dexarse morir, y que esto tenían por mejor que esperar ser tratados con tanta crueldad como hasta allí, y mostravan grandíssimo plazer con nosotros, aunque temimos que llegados a los que tenían la frontera con los christianos y guerra con ellos, nos avían de maltratar y hazer que pagássemos lo que los christianos contra ellos hazían. Mas, como Dios Nuestro Señor fue servido de traernos hasta ellos, començáronnos a temer y acatar como los passados, y aún algo más, de que no quedamos poco maravillados, por donde claramente se vee que estas gentes todas, para ser atraídos a ser christianos y a obediencia de la Imperial Magestad, han de ser llevados con buen tratamiento, y que este es camino muy cierto, y otro no. Estos nos llevaron a un pueblo que está en un cuchillo de una sierra y se ha de subir a él por grande aspereza, y aquí hallamos mucha gente que estava junta, recogidos por miedo de los christianos. Rescibiéronnos muy bien y diéronnos cuanto tenían, y diéronnos más de dos mil cargas de maíz, que dimos a aquellos miserables y hambrientos que hasta allí nos avían traído. Y otro día despachamos de allí cuatro mensageros por la tierra, como lo acostumbrávamos hazer, para que llamassen y convocassen toda la más gente que pudiessen, a un pueblo que está tres jornadas de allí. Y hecho esto, otro día nos partimos con toda la gente que allí estava, y siempre hallávamos rastro y señales adonde avían dormido christianos, y a medio día topamos nuestros mensageros que nos dixeron que no avían hallado gente, que toda andavan por los montes, escondidos, huyendo porque los christianos no los matassen e hiziessen esclavos, y que la noche passada avían visto a los christianos estando ellos detrás de unos árboles mirando lo que hazían y vieron cómo llevavan muchos indios en cadenas, y desto se alteraron los que con nosotros venían y algunos dellos se bolvieron para dar aviso por la tierra como venían christianos, y muchos más hizieran ésto si nosotros no les dixéramos que no lo hiziessen ni tuviessen temor, y con ésto se asseguraron y holgaron mucho. Venían entonces con nosotros indios de cien leguas de allí, y no podíamos acabar con ellos que se bolviessen a sus casas, y por assegurarlos, dormimos aquella noche allí, y otro día caminamos y dormimos en el camino. Y el siguiente día, los que avíamos embiado por mensageros nos guiaron adonde ellos avían visto los christianos, y llegados a hora de vísperas, vimos claramente que avían dicho la verdad, y conoscimos la gente que era de a cavallo, por las estacas en que los cavallos avían estado atados. Desde aquí, que se llama el río de Petután, hasta el río[112] donde llegó Diego de Guzmán, puede aver hasta él desde donde supimos de christianos, ochenta leguas. Y desde allí al pueblo donde nos tomaron las aguas, doze leguas. Y desde allí hasta la mar del Sur avía doze leguas. Por toda esta tierra, donde alcançan sierras vimos grandes muestras de oro y alcohol, hierro, cobre y otros metales. Por donde están las casas de assiento es caliente, tanto que por Enero haze gran calor. Desde allí hazia el Mediodía de la tierra, que es despoblada hasta la mar del Norte, es muy desastrada y pobre, donde passamos grande e increíble hambre. Y los que por aquella tierra habitan y andan es gente crudelíssima y de muy mala inclinación y costumbres. Los indios que tienen casa de assiento y los de atrás ningún caso hazen de oro y plata, ni hallan que pueda aver provecho dello.

112. El Sinaloa.

Capítulo treinta y tres
Cómo vimos rastro de christianos

Después que vimos rastro claro de christianos y entendimos que tan cerca estávamos dellos, dimos muchas gracias a Dios Nuestro Señor por querernos sacar de tan triste y miserable captiverio, y el plazer que desto sentimos júzguelo cada uno cuando pensare el tiempo que en aquella tierra estuvimos y los peligros y trabajos por que passamos. Aquella noche yo rogué a uno de mis compañeros que fuesse tras los christianos, que ivan por donde nosotros dexávamos la tierra assegurada, y avía tres días de camino. A ellos se les hizo de mal esto, escusándose por el cansancio y trabajo, y aunque cada uno dellos lo pudiera hazer mejor que yo, por ser mas rezios y mas moços, mas, vista su voluntad, otro día por la mañana tomé comigo al negro y onze indios, y por el rastro que hallava siguiendo a los christianos passé por tres lugares donde avían dormido, y este día andava diez leguas. Y otro día de mañana alcancé cuatro christianos de cavallo que rescibieron gran alteración de verme tan estrañadamente vestido y en compañía de indios. Estuviéronme mirando mucho espacio de tiempo, tan atónitos que ni me hablavan ni acertavan a preguntarme nada. Yo les dixe que me llevassen adonde estava su capitán, y assí fuimos media legua de allí donde estava Diego de Alcaraz, que era el capitán, y después de averlo hablado me dixo que estava muy perdido allí porque avía muchos días que no avía podido tomar indios y que no avía por donde ir, porque entre ellos començava a aver necessidad y hambre. Yo le dixe cómo atrás quedavan Dorantes y Castillo, que estavan diez leguas de allí, con muchas gentes que nos avían traído. Y el embió luego tres de cavallo y cincuenta indios de los que ellos traían y el negro bolvió con ellos para guiarlos, e yo quedé allí y pedí que me diessen por testimonio el año y el mes y día que allí avía llegado y la manera en que venía, y ansí lo hicieron. Deste río hasta el pueblo de los christianos, que se llama Sant Miguel[113], que es de la governación de la provincia que dizen la Nueva Galizia, ay treinta leguas.

Capítulo treinta y cuatro
De cómo embié por los christianos

Passados cinco días, llegaron Andrés Dorantes y Alonso del Castillo con los que avían ido por ellos, y traían consigo mas de seiscientas personas que eran de aquel pueblo que los christianos avían hecho subir al monte y andavan ascondidos por la tierra, y los que hasta allí con nosotros avían venido los avían sacado de los montes y entregado a los christianos, y ellos avían despedido todas las otras gentes que hasta allí avían traido. Y venidos adonde yo estava, Alcaraz me rogó que enbiássemos a llamar la gente de los pueblos que están a vera del río, que andavan ascondidos por los montes de la tierra, y que les mandássemos que truxessen de comer, aunque esto no era menester porque ellos siempre tenían cuidado de traernos todo lo que podían. Y embíamos luego nuestros mensageros a que los llamassen y vinieron seiscientas personas, que nos truxeron todo el maíz que alcançavan, y traíanlo en unas ollas tapadas con barro en que lo avían enterrado y escondido, y nos truxeron todo lo más que tenían, mas nosotros no quesimos tomar de todo ello sino la comida, y dimos todo lo otro a los christianos para que entre sí la repartiessen.

113. Culiacán, fundada por Nuño de Guzmán en 1530 con el nombre de San Miguel. El territorio de Nueva Galicia comprendía las tierras de los mixtecas, Michoacán, Ycanarit, Jalisco y Sinaloa. Su capital fue primero Compostela y más tarde, en 1533, Guadalajara, fundada por Juan de Oñate.

Y después desto, passamos muchas y grandes pendencias con
ellos porque nos querían hazer los indios que traíamos, esclavos, y con este enojo, al partir, dexamos muchos arcos tur-
quescos que traíamos y muchos çurrones y flechas y entre
ellas las cinco de las esmeraldas, y que no se nos acordó dellas
y ansí las perdimos. Dimos a los christianos muchas mantas
de vaca e otras cosas que traíamos; vímonos con los indios en
mucho trabajo porque se bolviessen a sus casas y se assegurassen e sembrassen su maíz. Ellos no querían sino ir con nosotros hasta dexarnos, como acostumbraban, con otros indios, por que si se bolviessen sin hazer esto temían que se mo-
rirían, que para ir con nosotros no temían a los christianos ni
a sus lanças. A los christianos les pesava desto y hazían que su
lengua les dixese que nosotros éramos dellos mismos y nos
avíamos perdido mucho tiempo avía, y que éramos gente de
poca suerte y valor, y que ellos eran los señores de aquella tierra, a quien avían de obedescer y servir. Mas todo esto los indios tenían en muy poco o no nada de lo que les dezían, antes
unos con otros entre sí platicavan diziendo que los christianos mentían, porque nosotros veníamos de donde salía el sol
y ellos donde se pone, y que nosotros sanávamos los enfermos y ellos matavan los que estavan sanos, y que nosotros veníamos desnudos y descalços y ellos vestidos y en cavallos y
con lanças, y que nosotros no teníamos cobdicia de ninguna
cosa, antes todo cuanto nos davan tornávamos luego a dar y
con nada nos quedávamos, y los otros no tenían otro fin sino
robar todo cuanto hallavan y nunca davan nada a nadie; y
desta manera relatavan todas nuestras cosas y las encarescían;
por el contrario, de los otros. Y assí les respondieron a la lengua de los christianos y lo mismo hizieron saber a los otros
por una lengua que entre ellos avía, con quien nos entendíamos, y aquellos que la usan llamamos propriamente Prima-
haitu, que es como dezir Vascongados, la cual más de cuatrocientas leguas de las que anduvimos hallamos usada entre
ellos sin aver otra por todas aquellas tierras. Finalmente, nun-

ca pudo acabar con los indios creer que éramos de los otros christianos y con mucho trabajo e importunación los hezimos bolver a sus casas y les mandamos que se assegurassen y assentassen sus pueblos y sembrassen y labrassen la tierra, que de estar despoblada estava ya muy llena de monte, la cual sin dubda es la mejor de cuantas en estas Indias ay e más fertil y abundosa de mantenimientos, y siembran tres vezes en el año. Tienen muchas frutas y muy hermosos ríos y otras muchas aguas muy buenas. Ay muestras grandes y señales de minas de oro e plata; la gente della es muy bien acondicionada; sirven a los christianos (los que son amigos) de muy buena voluntad. Son muy dispuestos, mucho más que los de México, y finalmente es tierra que ninguna cosa le falta para ser muy buena. Despedidos los indios, nos dixeron que harían lo que mandávamos y assentarían sus pueblos si los christianos los dexavan, e yo assí lo digo y affirmo por muy cierto, que si no lo hizieren será por culpa de los christianos. Después que ovimos embiado a los indios en paz y regraciándoles el trabajo que con nosotros avían passado, los christianos nos enviaron, debaxo de cautela, a un Zebreros, alcalde, y con él otros dos. Los cuales nos llevaron por los montes e despoblados por apartarnos de la conversación de los indios y porque no viéssemos ni entendiéssemos lo que de hecho hizieron, donde paresce cuánto se engañan los pensamientos de los hombres, que nosotros andávamos a les buscar libertad y cuando pensávamos que la teníamos suscedió tan al contrario, porque tenían acordado de ir a dar en los indios que embiávamos assegurados y de paz. Y ansí como lo pensaron lo hizieron; lleváronnos por aquellos montes dos días, sin agua, perdidos y sin camino, y todos pensamos perescer de sed y della se nos ahogaron siete hombres, y muchos amigos que los christianos traían consigo no pudieron llegar hasta otro día a medio día adonde aquella noche hallamos nosotros el agua. Y caminamos con ellos veinte y cinco leguas, poco más o menos, y al fin dellas llegamos a un pueblo de indios de paz y el alcalde que nos llevava nos dexó allí, y él passó adelante otras tres leguas a un pueblo que se llamava Culiacán, adonde estava Melchior Díaz, alcalde mayor y capitán de aquella provincia.

Capítulo treinta y cinco
De cómo el alcalde mayor nos rescibió bien la noche que llegamos

Como el alcalde mayor fue avisado de nuestra salida y venida, luego aquella noche partió y vino adonde nosotros estávamos, y lloró mucho con nosotros, dando loores a Dios Nuestro Señor por aver usado de tanta misericordia con nosotros, e nos habló y trató muy bien e de parte del governador Nuño de Guzmán e suya nos ofresció todo lo que tenía y podía y mostró mucho sentimiento de la mala acogida y tratamiento que en Alcaraz y los otros avíamos hallado, y tuvimos por cierto que si él se hallara allí se escusara lo que con nosotros y con los indios se hizo. Y passada aquella noche, otro día nos partimos y el alcalde mayor nos rogó mucho que nos detuviéssemos allí y que en esto haríamos muy gran servicio a Dios y a Vuestra Magestad, porque la tierra estava despoblada y sin labrarse y toda muy destruida, y los indios andavan escondidos e huidos por los montes sin querer venir a hazer assiento en sus pueblos, y que los embiássemos a llamar y les mandássemos de parte de Dios y de Vuestra Magestad que viniessen y poblassen en lo llano y labrassen la tierra. A nosotros nos paresció esto muy difficultoso de poner en effecto, porque no traíamos indio ninguno de los nuestros, ni de los que nos solían acompañar y entender en estas cosas. En fin aventuramos a esto dos indios de los que traían allí captivos, que eran de los mismos de la tierra y estos se avían hallado con los christianos cuando primero llegamos a ellos y vieron la gente que nos acompañava y supieron dellos la mucha autoridad y dominio que por todas aquellas tierras avíamos traído y tenido, y las maravillas que avíamos hecho y los enfermos que avíamos curado, y otras muchas cosas. Y con estos indios mandamos a otros del pueblo que juntamente fuessen y llamassen los indios que estavan por las sierras alçados, y los del río de Petaan, donde avíamos hallado a los christianos, y que les dixessen que viniessen a nosotros porque les queríamos hablar. Y para que fuessen seguros y los otros viniessen les dimos un calabaçón de los que nosotros traíamos en las manos (que era nuestra principal insignia y muestra de gran estado), y con éste ellos fueron y anduvieron por allí siete días, y al fin dellos vinieron y truxeron consigo tres señores de los que estavan alçados por las sierras, que traían quinze hombres y nos truxeron cuentas y turquesas y plumas. Y los mensageros nos dixeron que no avían hallado a los naturales del río donde avíamos salido, porque los christianos los avían hecho otra vez huir a los montes. Y el Melchor Díaz dixo a la lengua que de nuestra parte les hablasse a aquellos indios y les dixesse cómo veníamos de parte de Dios que está en el cielo y que avíamos andado por el mundo muchos años diciendo a toda la gente que avíamos hallado que creyessen en Dios y lo sirviessen porque era señor de todas cuantas cosas avía en el mundo. Y que él dava galardón y pagava a los buenos, e pena perpetua de fuego a los malos, y que cuando los buenos morían los llevava al cielo, donde nunca nadie moría, ni tenía hambre, ni frío, ni sed, ni otra necessidad ninguna, sino la mayor gloria que se podría pensar. Y que los que no le querían creer ni obedescer sus mandamientos, los echava debaxo la tierra en compañía de los demonios y en gran fuego, el cual nunca se avía de acabar, sino atormentarlos para siempre, e que allende desto si ellos quisiessen ser christianos y servir a Dios de la manera que les mandássemos, que los christianos les ternían por hermanos y los tratarían muy bien y nosotros les mandaríamos que no les hiziessen ningún enojo, ni los sacassen de sus tierras, sino que fuessen grandes amigos suyos; mas que si esto no quisiessen hazer, los christianos les tratarían muy mal y se los llevarían por esclavos a otras tierras[114]. A esto respondieron a la lengua que ellos serían muy buenos christianos y servirían a Dios. Y preguntados en qué adoravan y sacrificavan y a quien pedían el agua para sus maizales y la salud para ellos, respondieron que a un hombre que estava en el cielo. Preguntámosles como se llamava y dixeron que Aguar, e que creían que él avía criado todo el mundo y las cosas dél. Tornámosles a preguntar como sabían esto. Y respondieron que sus padres y abuelos se lo avían dicho, que de muchos tiempos tenían noticia desto y sabían que el agua y todas las buenas cosas las embiava aquél. Nosotros les diximos que aquél que ellos dezían nosotros lo llamávamos Dios, y que ansí lo llamasen ellos y lo sirviessen y adorassen como mandávamos y ellos se hallarían muy bien dello. Respondieron que todo lo tenían muy bien entendido y que assí lo harían. Y mandámosles que baxassen de las sierras y viniessen seguros y en paz y poblassen toda la tierra e hiziessen sus casas e que entre ellas hiziessen una para Dios, y pusiessen a la entrada una cruz como la que allí teníamos, e que cuando viniessen allí los christianos los saliessen a rescebir con las cruzes en las manos, sin los arcos y sin armas, y los llevassen a sus casas y les diessen de comer de lo que tenían, y por esta manera no les harían mal, antes serían sus amigos. Y ellos dixeron que ansí lo harían como nosotros lo mandávamos. Y el capitán les dio mantas y los trató muy bien, y assí se bolvieron llevando los dos que estavan captivos e avían ido por mensajeros. Esto passó en presencia del escrivano que allí tenían y otros muchos testigos.

114. Cabeza de Vaca les aplica el *Requerimiento*.

Capítulo treinta y seis
De cómo hezimos hazer iglesias en aquella tierra

Como los indios se bolvieron todos, los de aquella provincia, que eran amigos de los christianos, como tuvieron[115] noticia de nosotros nos vinieron a ver y nos truxeron cuentas y plumas. Y nosotros les mandamos que hiziessen iglesias y pusiessen cruzes en ellas, porque hasta entonces no las avían hecho. Y hezimos traer los hijos de los principales señores e baptizarlos. Y luego el capitán hizo pleito omenaje a Dios, de no hazer ni consentir hazer entrada ninguna, ni tomar esclavo por la tierra y gente que nosotros avíamos assegurado, y que esto guardaría y cumpliría hasta que Su Magestad y el governador Nuño de Guzmán, o el visorey[116] en su nombre, proveyessen en lo que más fuesse servicio de Dios y de Su Magestad. Y después de baptizados los niños nos partimos para la villa de Sant Miguel[117], donde como fuimos llegados vinieron indios que nos dixeron cómo mucha gente baxava de las tierras y poblavan en lo llano y hazían iglesias y cruzes y todo lo que les avíamos mandado, y cada día teníamos nuevas de cómo esto se iva haziendo y cumpliendo más enteramente. Y passados quinze días que allí avíamos estado, llegó Alcaraz con los christianos que avían ido en aquella entrada, y contaron al capitán cómo eran baxados de las sierras los indios y avían poblado en lo llano y avían hallado pueblos con mucha gente, que de primero estavan despoblados y desiertos, y que los indios les salieron a rescebir con cruzes en las manos y los llevaron a sus casas y les dieron de lo que tenían y durmieron con ellos allí aquella noche. Espantados de tal novedad y de que los indios les dixeron cómo estavan ya asse-

115. E. V. tunieron.
116. Don Antonio de Mendoza, primer virrey de Nueva España.
117. Hoy día San Miguel el Alto, Jalisco.

gurados, mandó que no les hiziessen mal, y ansí se despidieron. Dios Nuestro Señor, por su infinita misericordia, quiera que en los días de Vuestra Magestad y debaxo de vuestro poder y señorío, estas gentes vengan a ser verdaderamente y con entera voluntad subjetas al verdadero señor que los crió y redimió. Lo cual tenemos por cierto que assí será, y que Vuestra Magestad a de ser el que lo ha de poner en effecto (que no será tan diffícil de hazer), porque dos mil leguas que anduvimos por tierra y por la mar en las varcas y otros diez meses que después de salidos de captivos sin parar anduvimos por la tierra, no hallamos sacrificios ni idolatría. En este tiempo travessamos de una mar a otra y por la noticia que con mucha diligencia alcançamos a entender de una costa a la otra, por lo más ancho puede aver dozientas leguas, y alcançamos a entender que en la costa del Sur ay perlas y mucha riqueza y que todo lo mejor y más rico está cerca della. En la villa de Sant Miguel estuvimos hasta quinze días del mes de Mayo, y la causa de detenernos allí tanto fue porque de allí hasta la ciudad de Compostela, donde el governador Nuño de Guzmán residía, ay cien leguas, y todas son despobladas y de enemigos, y ovieron de ir con nosotros gente con que ivan veinte de cavallo que nos acompañaron hasta cuarenta leguas, y de allí adelante vinieron con nosotros seis christianos que traían quinientos indios hechos esclavos. Y llegados en Compostela, el governador nos rescibió muy bien y de lo que tenía nos dio de vestir, lo cual yo por muchos días no pude traer, ni podíamos dormir sino en el suelo, y passados diez o doze días partimos para México y por todo el camino fuimos bien tratados de los christianos y muchos nos salían a ver por los caminos, y davan gracias a Dios de avernos librado de tantos peligros. Llegamos a México, domingo, un día antes de la víspera de Santiago, donde del Visorey y del Marqués del Valle fuimos muy bien tratados y con mucho plazer rescebidos, e nos dieron de vestir y ofrescieron todo lo que tenían, y el día de Santiago ovo fiesta y juegos de cañas y toros.

Capítulo treinta y siete
De lo que acontesció cuando me quise venir

Después que descansamos en México dos meses yo me quise venir en estos reinos, e yendo a embarcar en el mes de Octubre, vino una tormenta que dio con el navío al través[118] y se perdió. Y visto esto, acordé de dexar passar el invierno, porque en aquellas partes es muy rezio tiempo para navegar en él, y después de passado el invierno, por cuaresma nos partimos de México Andrés Dorantes e yo para la Vera Cruz para nos embarcar, y allí estuvimos esperando tiempo hasta domingo de Ramos que nos embarcamos, y estuvimos embarcados más de quinze días, por falta de tiempo. Yo me salí dél y me passé a otros de los que estavan para venir, y Dorantes se quedó en aquél. Y a diez días del mes de Abril partimos del puerto tres navíos y navegamos juntos ciento y cincuenta leguas, y por el camino los dos navíos hazían mucha agua y una noche nos perdimos en su conserva, porque los pilotos y maestros (según después paresció) no osaron passar adelante con sus navíos y bolvieron otra vez al puerto do avían partido, sin darnos cuenta dello ni saber más dellos, y nosotros seguimos nuestro viaje. Y a cuatro días de Mayo llegamos al puerto de la Havana, que es en la isla de Cuba, adonde estuvimos esperando los otros dos navíos, creyendo que vernían, hasta dos días de Junio, que partimos de allí con mucho temor de topar con franceses, que avía pocos días que avían tomado allí tres navíos nuestros. Y llegados sobre la isla de la Belmuda, nos tomó una tormenta que suele tomar a todos los que por allí passan. La cual es conforme a la gente que dizen que en ella anda, y toda una noche nos tuvimos por perdidos. Y plugo a Dios que venida la mañana cessó la tormenta y seguimos nuestro camino. A cabo de veinte y nueve días que partimos de la Havana, avíamos andado mil y cien leguas que dizen que ay

118. Encallar.

de allí hasta el pueblo de los Açores. Y passando otro día por la isla que dizen del Cuervo, dimos con un navío de franceses; a ora de medio día nos començó a seguir con una caravela que traía tomada de portugueses, y nos dieron caça, y aquella tarde vimos otras nueve velas y estavan tan lexos que no podimos conoscer si eran portogueses o de aquellos mesmos que nos seguían. Y cuando anochesció estava el francés a tiro de lombarda de nuestro navío y, desque fue escuro, hurtamos la derrota por desviarnos dél, y como iva tan junto de nosotros, nos vió y tiró la vía de nosotros, y esto hezimos tres o cuatro vezes y él nos pudiera tomar si quisiera, sino que lo dexava para la mañana. Plugo a Dios cuando amanesció nos hallamos[119] el francés y nosotros juntos y cercados de las nueve velas que he dicho, que a la tarde antes avíamos visto, las cuales conoscíamos ser de la armada de Portogal, y di gracias a Nuestro Señor por averme escapado de los trabajos de la tierra y peligros de la mar. Y el francés, como conosció ser el armada de Portogal, soltó la caravela que traía tomada, que venía cargada de negros, la cual traía consigo para que creyéssemos que eran portogueses e la esperássemos, y cuando la soltó dixo al maestre y piloto della que nosotros éramos franceses y de su conserva[120]. Y como dixo esto, metió sesenta remos en su navío y ansí, a remo y a vela, se començó a ir y andava tanto que no se puede creer. Y la caravela que soltó se fue al galeón y dixo al capitán que el nuestro navío y el otro eran de franceses, y como nuestro navío arribó al galeón y como toda la armada vía que ívamos sobre ellos, teniendo por cierto que éramos franceses, se pusieron a punto de guerra y vinieron sobre nosotros y llegados cerca les salvamos. Conoscido que éramos amigos se hallaron burlados por avérseles escapado aquel corsario con aver dicho que éramos franceses y

119. E. V. hollamos.
120. Compañía que se hacen varias embarcaciones navegando juntas para el auxilio mutuo.

de su compañía, y assí fueron cuatro caravelas tras él. Y llegado a nosotros el galeón, después de averles saludado, nos preguntó el capitán Diego de Silveira que de dónde veníamos y qué mercadería traíamos, y le respondimos que veníamos de la Nueva España y que traíamos plata y oro. Y preguntónos qué tanto sería. El maestro le dixo que traería trezientos mil castellanos. Respondió el capitán: *boa fe que venis muito ricos, pero trazedes muy ruin navío y muito ruin artillería; ¡o fi de puta! can a renegado frances e que bon bocado perdio, bota Deus. Ora sus pos vos avedes escapado, seguime e non vos apartades de mi; que con aiuda de Deus eu vos porné en Castela.* Y dende a poco bolvieron las caravelas que avían seguido tras el francés, porque les paresció que andava mucho y por no dexar el armada que iva en guarda de tres naos que venían cargadas de especería. Y assí llegamos a la isla Tercera, donde estuvimos reposando quinze días, tomando refresco y esperando otra nao que venía cargada de la India, que era de la conserva de las tres naos que traía el armada. Y passados los quinze días nos partimos de allí con el armada, y llegamos al puerto de Lisbona a nueve de Agosto, bíspera de señor Sant Laurencio, año de mil y quinientos y treinta y siete años Y porque es assí la verdad como arriba en esta relación digo, lo firmé de mi nombre. *Cabeça de Vaca. Estava firmado de su nombre y con el escudo de sus armas la relación donde éste se sacó.*

Capítulo treinta y ocho
De lo que suscedió a los demás que entraron en las Indias

Pues he hecho relación de todo lo susodicho en el viaje y entrada y salida de la tierra hasta bolver a estos reinos, quiero assimesmo hazer memoria y relación de lo que hizieron los

navíos y la gente que en ellos quedó, de lo cual no he hecho
memoria en lo dicho atrás porque nunca tuvimos noticia dellos hasta después de salidos, que hallamos mucha gente dellos en la Nueva España, y otros acá en Castilla, de quien supimos el sucesso e todo el fin dello de que manera passó. Después que dexamos los tres navíos, porque el otro era ya
perdido en la costa brava, los cuales quedavan a mucho peligro y quedavan en ellos hasta cien personas con pocos mantenimientos. Entre los cuales quedavan diez mugeres casadas,
y una dellas avía dicho al governador muchas cosas que le
acaescieron en el viaje antes que le suscediessen, y ésta le dixo
cuando entrava por la tierra que no entrasse, porque ella
creía que él, ni ninguno de los que con él ivan, no saldría de la
tierra, y que si alguno saliesse que haría Dios por él muy
grandes milagros; pero creía que fuessen pocos los que esca-
passen, o no ninguno, y el governador entonces le respondió
que él y todos los que con él entravan ivan a pelear y conquistar muchas y muy estrañas gentes y tierras. Y que tenía por
muy cierto que conquistándolos avían de morir muchos,
pero aquellos que quedassen serían de buena ventura y quedarían muy ricos, por la noticia que él tenía de la riqueza que
en aquella tierra avía. Y díxole más, que le rogava que ella le
dixesse las cosas que avía dicho, passadas y presentes, ¿quién
se las avía dicho? Ella le respondió y dixo que en Castilla una
mora de Hornachos se lo avía dicho, lo cual antes que partiéssemos de Castilla nos lo avía a nosotros dicho y nos avía suscedido todo el viage de la misma manera que ella nos avía dicho. Y después de aver dexado el governador por su teniente
y capitán de todos los navíos y gente que allí dexava, a Carva-
llo, natural de Cuenca, de Huete, nosotros nos partimos dellos, dexándoles el governador mandado que luego en todas
maneras se recogiessen todos a los navíos y siguiessen su viaje derecho la vía del Pánuco, e yendo siempre costeando la
costa y buscando lo mejor que ellos pudiessen el puerto, para
que, en hallándolo, parassen en él y no esperassen. En aquel

tiempo que ellos se recogían en los navíos, dizen que aquellas personas que allí estavan vieron y oyeron todos muy claramente cómo aquella muger dixo a las otras, que pues sus maridos entravan por la tierra adentro y ponían sus personas en tan gran peligro, no hiziessen en ninguna manera cuenta dellos y que luego mirassen con quién se avían de casar, porque ella assí lo avía de hazer, y assí lo hizo, que ella y las demás se casaron y amancebaron con los que quedaron en los navíos. Y después de partidos de allí, los navíos hizieron vela y siguieron su viaje y no hallaron el puerto adelante y bolvieron atrás. Y cinco leguas más abaxo de donde avíamos desembarcado, hallaron el puerto que entrava siete o ocho leguas la tierra adentro, y era el mismo que nosotros avíamos descubierto[121], adonde hallamos las caxas de Castilla que atrás se ha dicho, a do estavan los cuerpos de los hombres muertos, los cuales eran christianos. Y en este puerto y esta costa anduvieron los tres navíos y el otro que vino de la Havana y el vergantín buscándonos cerca de un año, y como no nos hallaron fuéronse a la Nueva España. Este puerto que dezimos es el mejor del mundo y entra la tierra adentro siete o ocho leguas, y tiene seis braças a la entrada, y cerca de tierra tiene cinco, y es lama el suelo dél e no ay mar dentro, ni tormenta brava, que como los navíos que cabrán en él son muchos, tiene muy gran cantidad de pescado. Está cien leguas de la Havana, que es un pueblo de christianos en Cuba, y está a Norte Sur con este pueblo, y aquí reinan las brisas siempre y van y vienen de una parte a otra en cuatro días, porque los navíos van y vienen a cuartel.

Y pues he dado relación de los navíos, será bien que diga quién y de qué lugar destos reinos los que Nuestro Señor fue servido de escapar destos trabaxos. El primero es Alonso del Castillo[122] Maldonado, natural de Salamanca, hijo del dotor

---

121. La bahía de Tampa, Florida.
122. Alonso del Castillo no volvió a España con Cabeza de Vaca. Se quedó en México donde se casó poco después.

Castillo y de doña Aldonça Maldonado. El segundo es Andrés Dorantes[123], hijo de Pablo Dorantes, natural de Béjar y
vezino de Gibraleón. El tercero es Alvar Núñez Cabeça de
Vaca, hijo de Francisco de Vera y nieto de Pedro de Vera el que
ganó a Canaria, y su madre se llamava doña Teresa Cabeça de
Vaca, natural de Xerez de la Frontera. El cuarto se llama Estevanico[124]; es negro alárabe, natural de Azamor[125].

DEO GRACIAS

123. A Andrés Dorantes le fue encargado por el virrey Mendoza la exploración del Norte y estuvo en la conquista de Jalisco, pero según el cronista de la expedición de Soto se alistó a la nueva expedición de Cabeza de
Vaca.
124. Estebanico acompañó, como dijimos, la expedición de fray Marcos
de Niza y en ella encontró la muerte.
125. Situada en el norte de Marruecos.

Cronología

1490-1496 Sus padres, Francisco de Vera y Teresa Cabeza de Vaca, viven en Jerez de la Frontera (Cádiz). Entre 1492 y 1495 nacería Alvar Núñez Cabeza de Vaca.

1492 Final de la Reconquista con la toma de Granada por los Reyes Católicos. Primer viaje de Colón.

1493 Paz de Senlis: los Países Bajos pasan a la Corona española.

1494 Segundo viaje de Colón. Descubrimiento de Puerto Rico y Jamaica.

1496 Fundación de Santo Domingo por Bartolomé Colón.

1511-1512 Cabeza de Vaca iría a Rávena en el ejército que el rey Fernando envió en ayuda del papa Julio II.

1513-1527 Residencia en España. Al servicio del duque de Medina Sidonia, participa en la represión del movimiento comunero (1520-1521).

1511 Colonización de Cuba.

1512 Ponce de León llega a la Florida.

1513 Balboa descubre el Pacífico

1515 Fundación de La Habana.

1519 Carlos I sucede a Maximiliano de Alemania.

1519-1526 Conquista de México por Hernán Cortés.

1521-1526 Primera guerra de Carlos V contra Francisco I por el dominio de Italia.

1524 Pizarro comienza sus expediciones a Perú.

1527-1537 Expedición de Pánfilo de Narváez a la Florida. Cabeza de Vaca iría en ella como tesorero y alguacil mayor.

1526-1529 Segunda guerra con Francia.

1528 Se crea en España el Consejo de Indias.

1529 Tratado dc Zaragoza por el que se fijan los límites entre España y Portugal en el Pacífico. Paz de Cambray.

1532 Paz religiosa de Nüremberg entre católicos y protestantes frente al peligro turco.

1534 Comienza la Contrarreforma. Creación del virreinato de Nueva España.

1535 Fundación de Lima. Antonio de Mendoza es nombrado primer virrey de Nueva España.

1536 Tercera guerra con Francia. Fundación de Buenos Aires por Pedro de Mendoza.

1537-1540 De regreso a España, firma el 18 de marzo de 1540 una capitulación con el rey por la que se le nombra, en el caso de la muerte de Ayolas, adelantado del Río de la Plata. El 2 de noviembre de 1540 tendría lugar la partida.

1537 Fundación de Asunción del Paraguay por Irala. Pablo III declara la igualdad cristiana de los indios.

1538 Fundación de Bogotá por Jiménez de Quesada.

1540 Fundación de la Compañía de Jesús.

1541-1544 Estancia en el Sur y vicisitudes. Preso durante casi un año, el 7 de marzo de 1545 lo envían encadenado a España.

1541 Derrota española en Argel. Pedro de Valdivia funda Santiago de Chile. Orellana descubre el Amazonas.

1542 Cuarta guerra contra Francia. Gracias a Las Casas se promulgan las *Nuevas Leyes*.

1543 Fundación del virreinato del Perú con capital en Lima.

1544 Paz de Crépy con Francisco I de Francia.

1545-1563 Concilio de Trento.

1545 En diciembre se abre el proceso. Ocho años estuvo detenido y preso en la Corte, según Pedro Hernández, su secretario.

1555 Se publica en Valladolid los *Naufragios y Comentarios*. Según la licencia de impresión, Cabeza de Vaca residía en Sevilla.

1555 Paz religiosa de Augsburgo. Primer Concilio mexicano.

1556 Abdicación de Carlos V y división del Imperio. Felipe II pasa a ser rey de España. Se inicia la guerra de España e Inglaterra contra Francia.

1557 Fecha más probable de su muerte.

Índice de topónimos

Índice onomástico y étnico

Índice

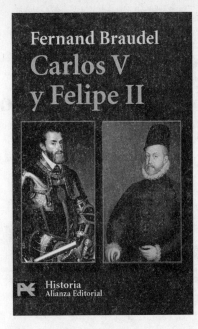

Fernand Braudel

Carlos V
y Felipe II

H 4182

Poco proclive a realizar estudios biográficos, FERNAND
BRAUDEL –patriarca de la escuela de los «Annales»– hizo,
sin embargo, dos de sus raras excepciones con las figuras
de CARLOS V Y FELIPE II. Prologado por Felipe Ruiz
Martín, este díptico que recorre la práctica totalidad del siglo
XVI (abarca desde el nacimiento del emperador en 1500
hasta la muerte de su hijo en 1598) traza las líneas maes-
tras de ese periodo histórico, a la vez que contrarresta algunos mitos y errores comúnmente admitidos. Narrados de
forma comprensible y sugestiva, estos dos ensayos que exa-
minan las ideas políticas y las circunstancias de la
Monarquía, la vida y personalidad de los reyes, así como
los principales problemas y desafíos que tuvieron que arros-
trar durante sus respectivos reinados, mantienen su vigen-
cia en medio del debate historiográfico actual con toda la
fuerza de un clásico.

Cristobal
Colón

Los cuatro viajes
Testamento

H 4188

LOS CUATRO VIAJES y EL TESTAMENTO de
CRISTÓBAL COLÓN constituyen un material
imprescindible para el conocimiento de todo lo
relacionado con las primeras expediciones al Nuevo
Mundo. Las precisiones descriptivas, las analogías
entre paisajes americanos e ibéricos y la alternancia,
plasmada con enorme expresividad, entre la euforia y
la incertidumbre sitúan a su autor en la cumbre de
una nueva modalidad historiográfica y en el origen de
las letras americanas. Consuelo Varela, que ha
preparado esta edición, ilustra los documentos con
amplios y útiles esquemas y guías sobre cada uno de
los viajes: las fechas y salidas de las expediciones, las
características de los barcos, los tripulantes
principales, la cronología de los descubrimientos, los
objetivos propuestos, los resultados obtenidos y las
fuentes bibliográficas.

John H. Helliott

El viejo mundo y el nuevo

H 4185

JOHN H. ELLIOTT ha realizado contribuciones de primera magnitud a la historia de la Península Ibérica durante los siglos XVI y XVII. Concediendo un lugar de privilegio a las relaciones entre la Península y los dominios españoles y portugueses de ultramar, EL VIEJO MUNDO Y EL NUEVO (1492-1650) examina las imprevistas consecuencias de la conquista para los países colonizadores y los profundos cambios ocurridos en Europa durante el siglo posterior al descubrimiento, como resultado de las masivas importaciones de oro y plata desde las Indias Occidentales. La colonización de América ejerció también decisivas consecuencias sobre la vida política del Viejo Continente –el escenario de los conflictos entre las potencias se amplió hasta incluir los territorios recién descubiertos– y sobre el desarrollo de nuevas ideas acerca de la historia y la naturaleza humana.

Héctor
Pérez Brignoli

**Breve
historia de
Centroaméric**

H 4184

Esta edición actualizada de BREVE HISTORIA DE
CENTROAMÉRICA mantiene el análisis que HÉCTOR
PÉREZ BRIGNOLI hace de la región desde el siglo XVI
hasta la actualidad y que integra, mediante un enfoque
comparativo, la existencia de un pasado, unos
condicionantes geográficos y unos procesos históricos
con características comunes con el hecho insoslayable y
disgregador que constituye la aparición de los estados
nacionales de Guatemala, El Salvador, Honduras,
Nicaragua y Costa Rica durante el siglo XIX. La
progresiva dependencia política y económica de Estados
Unidos y los fracasados intentos reformistas son las
constantes de un siglo XX que, si en su último tercio fue
testigo de la aparición de focos revolucionarios y guerras
civiles, en la última década ha dado paso a un periodo de
esperanza, a partir de la reconciliación nacional y el
respeto formal por los derechos humanos.